散文・新詩義旨
古今談

蒲基維・涂玉萍・林聆慈◎合著

目錄

INDEX

總序

近三四年來，教育當局在高中國文教材上作了最大改變的，算是廢除國立編譯館的唯一標準本，而開放爲各具特色的「一綱多本」。爲了適應這種巨大改變，做人老師的，不僅要調整教法，也要改進評量，尤其是面對學生的升學，更需要兼顧各本教材，取長補短，作一番統整的工夫，以免顧此失彼。

要統整「一綱多本」的教材，靠的不是課文的多寡，而是「能力」。這個「能力」，就其主要者而言，除關涉文章之義旨（主旨的顯隱、安置與材料的使用）外，還涵蓋了語法之剖析（文法）、字句之鍛鍊（修辭）、篇章之修飾（章法）、文章之體性（風格）及作文（傳統式作文與限制性寫作）、課外閱讀等。而其中的任何一種「能力」，都可以用不同的教材予以培養；換句話說，這種「能力」，是能夠拿任何一篇、一段、一節（句羣）的課外文章來進行評量的。這樣，教師就可以將任何一課「課文」當作「手段」來看待，所謂「得魚而忘筌」（《莊子・外物》），而「課文」就是這個「筌」，「能力」就是那個「魚」了。

有鑑於此，早在去（八十九）年暑假，便想爲高中「一綱多本」國文教材編一套以「能力」爲本位的書，提供高中教師作教學之參考。於是邀集了一組專家學者、高中教師共同來參與這個工作，並且商定這套書的總名爲「高中一綱多本國文教材點線面系列」，而內含八本，由不同的人來撰寫，依序是：

一、《散文・新詩義旨古今談》：由蒲基維（博士生、高中教師）、涂玉萍（碩士、高中教師）、林聆慈（教學碩士班、高中教師）三人負責。

二、《詩詞義旨透視鏡》：由江錦珏（碩士、高中教師）負責。

三、《文法必勝課》：由楊如雪（台灣師大副教授）、王錦慧（新竹師院助理教授）二人負責。

四、《修辭新思維》：由張春榮（國立台北師院教授）負責。

五、《章法新視野》：由仇小屏（花蓮師院助理教授）負責。

六、《風格縱橫談》：由顏瑞芳（台灣師大教授）、溫光華（博士生、講師），黃肇基（高中教師）三人負責。

七、《新型作文瞭望台》：由陳智弘（高中教師）、范曉雯（高中教師）、黃金玉（高中教師）、郭美美（碩士、高中教師）四人負責。

八、《閱讀檢測站》：由李清筠（台灣師大副教授）負責。

這八本書，都兼顧理論與實際，除了安排「總論」加以介紹外，均分別舉一些「一綱多本」重要課文的實例作充分說明，務求凸顯各種「能力」，使讀者一目了然。如此以「能力」為本位，從各角度來統整各本教材，相信對高中的國文教師的教學與學生的學習而言，是會有極大助益的。

看到在大家的努力下，這八本書終於將陸續出版，和讀者見面，感激之餘，特地將本套書撰寫的用意與過程，作一概述，聊以表達慶賀的意思。

民國九十年八月　陳滿銘序於台灣師大國文系

第一章 緒論

義旨的探究是國文教學中極爲重要的一環。教師在對於一篇文章從事讀講之時，一定要讓學生瞭解篇章的內容，進而透析作者所要傳達的旨趣。基於此一認知，教師對於如何探討篇旨，必須對文章的中心思想及外圍問題全盤掌握，才能給予學生一個完整而正確的引導，使他們從文章中獲得眞正的啓發。

所謂義旨，就是指辭章的思想內容所表現出來的旨趣。分而言之，義旨實包括「文義」與「文旨」兩大部分。章微穎先生在《中學國文教學》一書中曾經提到：

文章以作者的思想情意與事理、文辭三部合奏而成。由於詞句所組成的節段篇章直接表出事理的，謂之文義；由於作者的思想情意鎔裁事理，託諸文辭來表出的，謂之文旨，亦即一般所稱的意思。(《中學國文教學》，蘭臺書局，頁四七)

由此可知，「文義」是篇章句字所呈現的義理，「文旨」則已包含了作者所要傳達的思想情感。在教學的過程中，通常是先進行課文文義的瞭解，然後才能進一步掌握文旨；在對於文旨全面體察後，仍必須回復到課文本身，由逐字、逐句、逐段去分析義理，以深究其思想情感，並梳理作者的謀篇與運材的技巧。故知文義與文旨的關係不可分割，而篇章義旨的探求更須結合作者及其所運用的材料來一併討論。

義旨的探求既與作者相關，則一篇文章的創作背景就成為必須研究的要件。也就是說，我們必須探討作者寫作文章的動機及其時空環境，並結合辭章所呈現的義理，才能正確掌握其篇章的旨趣。因此，瞭解作者的生平際遇及其所處的時代環境，是我們在探求義旨時不可缺少的工作。以宋代的貶謫文學為例，我們可以在一綱多本的高中教材裡找到許多名篇，如王禹偁的〈黃岡竹樓記〉、范仲淹的〈岳陽樓記〉、蘇軾的〈赤壁賦〉以及蘇轍的〈黃州快哉亭記〉等，這些篇章都是記載亭臺山水的作品，其實又多為作者借題發揮的憑藉。然而，我們為什麼知道這些作品有借題發揮的作用呢？除了從文章本身的論述找到蛛絲馬跡之外，最重要的還是從寫作背景來獲得印證。就個人際遇而言，這些篇章的作家都曾經遭遇貶謫之苦，而山水亭臺正是他們療傷止痛的良方，於是有人從山水中獲得慰藉，更有人從其中尋求一個安身立命的生活態度。就時代環境而言，以記載臺閣名勝來闡發個人思想的創作模式，在當時文壇是一種頗為流行的風氣；再加上宋代君主專制極為嚴峻，士大夫又好苛論，凡是冒犯朝廷或得罪權貴者，多逃不過遷謫之運，在這種政治環境的推波助瀾之下，以記載臺閣名勝作爲闡發己見的作品更不計其數。從這些創作背景看來，我們就更能確定上述篇章所呈現的旨趣了。

當然，對於辭章內容的研析是更重要的。我們可以透過內容事理的瞭解，判斷辭章的文旨是顯而易見或爲隱晦不明，進而找出辭章的中心思想是置於篇首、篇腹、篇尾或篇外，如此才能全面地掌握辭章所展現的旨趣，以深切體悟辭章所蘊含的情意。同樣以宋代的貶謫文學爲例，王禹偁的〈黃岡竹樓記〉主要在表達作者屢遭貶謫，仍能抱持耿直、豁達的胸懷，我們可以從其篇尾所言「不懼竹樓之易朽」的心情找到全顯的義旨；范仲淹的〈岳陽樓記〉則在表達一個「君子當先憂後樂」的人生觀，作者亦在篇尾明確地指出「先天下之憂而憂，後天下之樂而樂」的襟懷；至於蘇軾的〈赤壁賦〉所要傳達的中心思想是要我們體認宇宙間變與不變的哲理，才能眞正的安適自得，而作者也隱然透露著開釋貶謫失意的意圖，我們可以在篇腹「蘇子曰」的一段文字中找到這些訊息；而蘇轍的〈黃州快哉亭記〉則在論證人生的「眞快」在於個人心境的絕對安適，明爲勉勵張君夢得，實爲自勉，而篇尾的論述正透露著這項訊息。由此可知，教師在逐字逐句地讓學生瞭解篇章文義之後，更須明白地指出文章的重點，進而揭示這些文旨，使學生確實體察到篇章的旨趣。

如同引文所言，文章的主旨是「作者的思想情意鎔裁事理，託諸文辭而展現出來的。」

因此，作者在鎔裁事理的過程中，必定會擇取適當的事件或景物，以作為傳達情理的媒介。這些事件或景物所涵蓋的種類相當廣泛，對於辭章所產生的作用也不盡相同，但皆是表達辭章義蘊的重要材料，對於凸顯文旨具有正面强化的意義。我們在確定篇章的主要義旨之後，若能梳理作者在辭章中所運用的材料種類及作用，並分析其運材的主要技巧，就能深入辭章的義蘊，更能藉由分析作者的思維理則，以正確掌握其創作意圖。如上述諸篇散文，〈黃岡竹樓記〉中的竹樓是主要的物材，而作者自述其遷謫流徙的經歷，更是直接訴諸慨嘆的重要事材；〈岳陽樓記〉所描寫的雨景和晴景是全篇的主要物材，作者也藉此透露出悲喜之情，進而引出「不以物喜，不以己悲」的生命哲學；〈赤壁賦〉則以「水」、「月」等物材為喻，暢談其變與不變的眞諦；而〈黃州快哉亭記〉所描繪的「長江三變」的壯闊景象，則傳達了恢弘的胸襟才是人生「眞快」的主張。這四篇文章，各有其特殊的運材技巧，卻不約而同地運用了「先敍後論」的思維架構，由此更印證了宋代貶謫文學「借題發揮」的特色。

綜上所述，我們可以確認義旨探究的重點，在於創作背景的探討、義旨的顯隱與安置，及篇章材料的運用。基於這些重點，本書的論述綱要如下：

第一章為「緒論」。主要在論述義旨的定義及其探究重點，並說明本書寫作的主要義例。

第二章為「義旨與創作背景」。分別從時代背景和個人際遇兩個主題去探求創作背景與義旨的關係，歸納出幾種創作的動機。在時代背景方面，分別從社會、政治、思想、軍事及其他不同的角度，分析歸納出時代環境對於辭章創作的影響；在個人際遇方面，則由個人的特殊遭遇、親情、愛情、生命情調、抒發志節及個人的偶發等角度，探討辭章創作與個人際遇的密切關係。

第三章爲「主旨的安置」。從主旨安置於「篇首」、「篇腹」、「篇尾」及「篇外」等四種類型，以一綱多本的教材爲例，探討篇章的重要段落，找出義旨的位置，從而釐淸作者安置主旨的思維，以貫通篇章的形式與內容，使義旨教學的重點可以涵蓋深刻的義蘊與開闊的視野。

第四章爲「主旨的顯隱」。分別從主旨的「全顯」、「全隱」及「顯中有隱」三種類型，舉例說明義旨在辭章中的重要性，並檢視篇章的主旨是否符合統一的原則，以貫串全篇。

第五章爲「義旨與材料運用」。分別從「材料的種類」與「材料的作用」兩種角度切入，以高中的課文爲例，探討義旨與作者運材之間的關係。就材料的種類而言，分述「事材」與「物材」兩大範疇，從各種不同的材料來說明材料運用所凸顯的辭章義蘊；就材料的作用而言，則從實際課文的分析歸納，找出材料在辭章中所能發揮的作用，進而闡明各種材料在凸顯義旨中的重要價值。至於作者運用材料的方式雖然是探究的重點，然而已經涉及

「章法」與「修辭」的領域，須另闢專書探討為佳，故不在本書的研究範圍。

第六章為「結論」。

本書以目前一綱多本的高中教材作為選文及論述的依據，從其中選取古今的散文、小說及現代詩作為探討的範圍，版本涉及「三民」、「大同」、「正中」、「南一」、「翰林」、「龍騰」等六家，書中所舉例說明的篇章，以出現在兩家版本以上的課文為主，其餘篇章則附表以簡介之。至於現代的文學作品，則因論述需要而選，不在此限。

在古今的文學作品中，有些辭章的創作背景比較單純，在分類研究上可以截然歸類之，如〈出師表〉、〈陳情表〉、〈諫太宗十思疏〉等奏議類的文章，可以歸類出政治上的寫作動機；〈髻〉、〈一對金手鐲〉等抒情散文，則以表達親情的動機為主。然而有些文章的創作背景卻相當複雜，如〈教戰守策〉、〈六國論〉等文，則牽涉了政治、社會與軍事謀略等方面的背景，而把〈教戰守策〉歸於軍事，〈六國論〉歸於政治外交，則比較合於文旨的訴求，故作如此分類。同樣的問題，也出現在材料運用的分類上。就材料的作用而言，其表達義蘊的作用不只一種，以〈醉翁亭記〉為例，文中描寫宴飲之樂的景況，是全篇的重要材料，除了具有表達「與民同樂」的情懷之外，更具有增强辭章感染力的效果，而第一種作用顯然與主旨關係較大，故歸以「表達作者心志」之類。是故本書在研究分類上的依據，多取其主要的向度，並維持

「一課不兩兼」的分類原則。

義旨的確認常常是衆說紛紜的，單就六家版本的說法爲範圍，就可能找出多種分歧的意見。以〈項脊軒志〉爲例，這篇文章計有「大同」、「翰林」及「龍騰」三家版本選錄，他們對於文旨的闡述分別是：

> 作者以項脊軒的變遷沿革為線索，取材於家庭瑣事，描述家族的興衰，抒發自己的襟懷志節，尤其表達對祖母、母親、妻子的深切懷念。（大同—三）

> 以「項脊軒」的興廢變遷為線索，透過家庭瑣事的敘述，表達出物在人亡的感慨；抒發對祖母、母親及妻子的深切懷念；寄託深沈的身世之感與不凡的襟懷志節。（翰林—三）

> 作者於文中，借描述百年老屋項脊軒之變遷，表達家族由盛而衰之悲戚，並述及自己的襟懷抱負，以及對母親、祖母、妻子等至親之真切思念。（龍騰—四）

三家版本的題解，都清楚地交代了本文的內容大要，從內容大要所透露的情意有三點：一是對於家族興亡的感慨，二是表達對親人的思念，三是抒發自己的襟懷抱負。這三種情意皆以「項脊軒」作爲連貫，彼此之間有密切的因果關係。我們必須清楚地認知，基於「統一」的原則，篇章的義旨絕對只有一個，而本文的三種情意不是並立，而是各有輕重。就其因果關係來看，作者表達對親人的思念，也傳達了親人對他的期望；而對於家族衰落的感慨，也間接透露他想要振興家族的意志；這兩種情意實爲襯托個人的襟懷志節而發，因此本文的主要義旨應著重在抒發個人的襟懷志節。從歸有光的生平際遇可以輔證這個觀點，從文章材料的運用，其引「蜀清」、「孔明」自比，更是最好的證據。由此可知，三家版本對於主旨的敍述各有所偏，我們必須仔細察明，以避免人云亦云之失。本書在確認義旨上，對於爭議較少的篇章，則從其所說；至於各家說法不一，或語焉不詳的篇章，則透過文章內容的剖析、寫作背景的探究與作者運材的討論，以求掌握更爲明確的義旨。

事實上，義旨的探究是教師在教學過程中必定會面臨的主要課題，因此關於義旨的研究論著也相當地多，本書則希望站在一個較爲弘觀的角度來探討這個議題；再以教材的開放，面對一綱多本的高中課文，更有必要在這方面重新作一個統整的工作，期望本書在教學上能給予教師正面的助益，讓學生可以藉由義旨教學，習得鑑賞辭章的基本能力。

第二章　義旨與創作背景

一篇文章的內容、風格、意旨，與作者的個人的遭遇、個性、思想、學養都有莫大關係，而一個人的個性、思想養成卻又與其時代背景有密切的關係，何況大時代的生活背景往往是文學作品的表現對象。所以要掌握文章的內層深意，首先必須對作者的大時代背景與作者的個人際遇有所了解。《孟子・萬章篇下》說：「頌其詩，讀其書，不知其人，可乎？是以論其世也，是尚友也。」正是說明無論讀詩讀文，首先就要能先知其人、論其世，也就是要瞭解作者的個人際遇與大時代背景，透過這些背景的外圍條件，才能深入作者的內心世界，與作者作心靈的溝通，眞正掌握文章的義旨。

以下我們就各家高中國文課文中具有代表性的文章，討論文章的大時代背景與作者個人際遇，希望能藉此讓讀者閱讀這些佳作時，也能透過對作者的大時代背景與個人際遇的瞭解，進一步深入作者的內心，掌握作者想要表現的文章義旨，而達到尚友古人的境界。

第一節　辭章創作與時代背景

作者身處於時代洪流中，眼前所見、耳中所聞，必然影響到作者的創作思想及理念，《文心雕龍・時序篇》中言：「時運交移，質文代變，古今情理，如可言乎！」文中所說的是時代對文章風格的影響，但又何嘗沒有對寫作內容產生影響呢？反映時代、反映社會是一個有良心的知識分子所應負起的責任，所以我們可以在不同的文學作品中看到不同的時代面貌，而在不同的時代背景也產生不同內容的文學作品。以下就文章創作的大時代背景依政治、社會、軍事、思想背景等幾個大項分別探討：

一、社會背景

在大時代背景中與人民大衆最有直接接觸的就是社會背景，作者或身受社會不公之害，在文中發出怒吼；或眼見人民大衆所受的不公平待遇，爲他們發出不平之鳴；或關心社會風氣的惡化；或批判現代社會對大自然的破壞；這些都成爲社會性作品產生的重要原因。我們分爲以下幾個大類探討：

㈠力挽時代的狂流

有眼見社會惡劣的風氣，而挺身而出、大聲疾呼，希望能改變潮流的勇者，如韓愈的〈師說〉、司馬光的〈訓儉示康〉、顧炎武的〈廉恥〉等。

韓愈的〈師說〉：唐代門第觀念深重，門第之家的子弟，不須依靠科舉考試，便可以進入仕途，所以總是輕視道德學術，不肯虛心從師學習。唐代士大夫恥於相師，在當時形成了一種時尚，對於社會文化的傳承，造成了許多負面的影響。韓愈眼見當時的師道淪喪，因此提倡師道。柳宗元〈答韋中立論師道書〉：「今之世不聞有師，有，輒譁笑之，以爲狂人。獨韓愈奮不顧流俗，犯笑侮，召收後學，作〈師說〉，因抗顏而爲師……愈以是得狂名。」正是說明韓愈奮不顧流俗、捍衛師道的情形。〈師說〉這篇文章表面是送給李蟠的一篇贈言，其實是韓愈慨嘆師道淪喪，藉李蟠請學的機會，力陳當時士大夫恥於相師的弊端，强調師道的重要性，希望能藉此重振社會學習的風氣，這才是文章義旨所在。

司馬光的〈訓儉示康〉：這篇文章有其特殊的社會背景。宋代雖軍事外交方面積弱不振，但在商業方面卻是空前勃興。從唐末到北宋，中國國內農業生產的增加、地區性工業產品的專業化、和交通及運輸的發展，逐漸形成了全國性的市場。城市興起，商業繁榮，內河航運暢通，尤其是海運發達，對外貿易興盛。首都開封更形成繁榮的商業街。開封對外交通的主幹——汴河及五丈河一帶，商業更是繁榮。城內也有許多集中交易的鬧市，如相國寺位於城中心，因此成爲最熱鬧的市集，國內外的珍奇異寶在這裏都可以買到。另外如州橋夜市，有許多飲食店、酒樓等，往往通宵達旦的營業。從張擇端所繪的「清明上河圖」，我們仍然可以看到北宋時代開封的繁華熱鬧、人民生活安定等多采多姿的情況。在這種經濟的極度繁榮下，人們已經逐漸忘卻了節儉的美德，不僅「走卒類士服，農夫躡絲履」，士大夫們更是奢靡成性，司馬光擔心其子司馬康沾染時習，以致於敗身喪家，於是特別引述聖賢言論及古今事例，以訓誡其子，希望他能繼承簡素的家風。雖然勸誡的對象是自己的兒子，但所對抗的卻是整個時代的逆流。

顧炎武的〈廉恥〉：明朝長期政治敗壞，二百七十八年的統治，於西元一六四四年滿人入關時，走入歷史。儘管還有南明在維持正統地位，但對大局已無重大影響，在這段晚明到清的變動過程中，實是中國在政治社會等方面重大的轉折點。明末的士人對於明朝的覆亡，雖然哀痛，但新政權和清朝的建立已經是事實，他們應該如何去面對呢？是否要投降滿清？這包含了生命的抉擇及對自己的志節、家庭社會及國家等的責任考慮。大多數的士人還是選擇了降清。但是另一批有志節的人士，如顧炎武、王夫之、呂留良等堅決反清的人士，他們都具有强烈的種族主義色彩，主張嚴格區別華夷界限，對自己民族忠貞，不事異族王朝。顧炎武生於明末清初，生性至孝，耿介絕俗。明亡之際，顧炎武母親殉國，遺命誡勿事二姓。顧炎武當亡國易姓之際，挺身對抗，始終不屈，而另一方面則痛心明末士風淪喪、氣節蕩然無存，〈廉恥〉一文正是在這樣的時空背景之下所產生的作品，本文的顯旨是透過四維强調「恥」的重要性，而更深一層的隱旨則是諷刺明末文士不顧家國存亡而屈膝求官的醜態。

(二)諷刺社會的病相

有的作者眼見當時社會的種種黑暗面，利用寓言、小說加以辛辣的諷刺，如柳宗元的〈三戒並序〉、杜光庭的〈虬髯客傳〉、施耐庵的《水滸傳・林沖夜奔》及〈魯智深大鬧桃花村〉、吳敬梓的《儒林外史・范進中舉》、龔自珍的〈病梅館記〉、魯迅的〈孔乙己〉等皆是。

柳宗元〈三戒並序〉：這篇文章作於柳宗元被貶柳州之後，作者經歷政治鬥爭，更飽嚐人情冷暖，有更深的社會閱歷和人生體驗，於是將其中足以垂戒世人的景象寫成寓言，達到教育世人的效果。〈三戒並序〉序中說：「吾恆惡世之人，不知推己之本，而乘物以逞，或依勢以干非其類，出技以怒强，竊時以肆暴，然卒迨于禍。有客談麋、驢、鼠三物，似其事，作三戒。」點明柳宗元作這篇文章是因爲眼見當世之人的惡形惡狀，於是作文譏刺那些「依勢以干非其類，出技以怒强，竊時以肆暴」的人，終必自食惡果，最後都是以「卒迨于禍」收場。

杜光庭的〈虬髯客傳〉：唐自中葉以後，藩鎮跋扈，擁兵自重，割據一方，爲了爭權奪利，私蓄遊俠之士以仇殺異己成風，如元和十年宰相武元衡被刺，開成三年宰相李石被刺，都是藩鎮派刺客所爲。他們又貪圖享受，殺人越貨，劫人妻女，弄得天怒人怨，造成打抱不平、仗義輸財的豪傑之士盛行，於是產生了唐代的俠義小說。其中以杜光庭的〈虬髯客傳〉的藝術價值最高，此篇寫的雖是隋朝末年紅拂女私奔及李靖創業的故事，但它的社會基礎卻是在晚唐，劉大杰的《中國文學發展史》中說：「作者一面是以當日盛行的俠士爲主題，一面又在唐末離亂之際，夢想著新英雄的出現」，「唐末離亂之際」的時空，「夢想著新英雄」的心願，正是這篇小說產生的社會背景。

施耐庵的《水滸傳．林沖夜奔》與《水滸傳．魯智深大鬧桃花村》：中國歷史上，發生過無數的農民暴動，這樣的暴動歷來被看作「犯上作亂」，《宋史》也以「盜賊」稱宋江等人。但《水滸傳》中，卻透過對黑暗朝政的描寫，凸顯出「自古權奸害忠良，不容忠義立家邦」的社會現實，反而把梁山英雄當作反奸除暴、保境安民的正義力量。《水滸傳》塑造了大批英雄形象，他們見義勇爲，慷慨任俠，在各自不同的「逼上梁山」的經歷中，展現生命力，充滿了令人嚮往的神奇色彩。尤其〈林沖夜奔〉一文中，林沖原是八十萬禁軍教頭，爲人溫和善良，高太尉之子想要強佔林沖妻子，於是再三迫害林沖，逼得原本安分守己的林沖殺人、投奔梁山，直接而明確地表現出本書中「官逼民反」的主題。〈魯智深大鬧桃花村〉一文的主旨，則是寫魯智深行俠仗義的精神。描寫梁山英雄反奸除暴、保境安民的正義行爲，更凸顯他們一一被「逼上梁山」的原因是來自於政府的庸儒無能與政治的黑暗，從側面襯托出整本書中「官逼民反」的主題。

吳敬梓的《儒林外史．范進中舉》：科舉制度在它建立初期曾產生積極的作用，選拔過一些眞才卓識之士，讓大批寒族子弟因此得以進入政府，促使士族統治的瓦解。但科舉制度在總體上卻越來越僵化，尤其是明清兩代以八股取士，八股文陳腐的內容、死板的形式，使得知識分子一個個老死於章句下，本是社會精英的知識分子卻成爲思想僵化、行爲迂腐的書蟲，而政府官員的整體素質也隨之下降。「十年寒窗無人問，一舉成名天下知」，及第當官，成爲知識分子共同的追求目標，在「僧多粥少」的情況下，不但造成了許多家庭悲劇，也加劇了士人之間的競爭，請託鑽營、舞弊徇私，層出不窮，不但貪官汙吏大量膨脹，也腐蝕了士人的精神與品格。〈范進中舉〉是小說中的一個精彩片段。它通過對范進所處環境的細緻描寫，揭示當時科舉士子內心極度的空虛與脆弱。吳敬梓在小說中寄託了他對知識分子這一階層失望的情緒，他把自己的經歷和情感熔鑄在小說創作中，揭露科舉制度的弊害與士人熱中功名的醜態，冷靜地解剖了舊時文人的卑微與無奈。就是在今天，它仍然可以作爲窺探國人性格的鏡鑒。

龔自珍的〈病梅館記〉：本文又題爲〈療梅說〉，作於作者棄官歸隱之時，是一篇具有深意的短篇寓言。梅花凌霜傲雪的高貴品格，向來爲歷代騷人墨客所歌頌，但作者獨具匠心，以病梅比喻被束縛、被扭曲的官場庸才，而以自然之梅比喻個性沒有被扼殺、保持自然樸素本性的人才；文人畫士的附庸風雅、矯揉做作，正如同於統治者僵化、陳腐的形式；一棵棵的梅花被戕害，就像一個個的人才被摧殘。如果不能順天致性，自然伸展，將會使天生美才，淪爲曲、攲、疏的病殘，作者在文中是以一個療梅者的身分出現，立誓向扼殺人才者宣戰。本文通篇託物寄意，影射現實，批判當時人才遭受壓抑、扭曲，不得施長才的弊病，企圖轉移社會風氣，富有時代意義。

魯迅的〈孔乙己〉：這是一篇具有諷刺性的短篇小說，魯迅希望能藉著文藝運動改變民族性。所以作品中充滿對抗虛僞與解剖人性的描寫，尤其善於用諷刺的筆法，揭露社會的黑暗面。魯迅是中國現代的社會病理作家，他對中國封建思想毒害及不合理的舊制度，極力抨擊，務求以文學改變國民的落伍思想。魯迅所寫的小說，大都針對國民的人性弱點，爲揭社會的瘡疤而寫作，用字辛辣、諷刺深刻，如「匕首投槍」（魯迅自言），有喚醒人心的價値，〈孔乙己〉就是這類的作品。文中以一個破落大戶的子弟爲描寫對象，一個迂腐的窮讀書人，沒進過學，又不會營生，替人鈔書爲生，可是喜歡喝酒，有時連營生工具都賣掉，進入別人書房偷東西，還辯說偷書不算偷，被打了一頓，最後消失在大家的記憶中，無人關心。可說是魯迅作品對當時社會某類人物的影射與諷刺。

㈢關懷社會的弱勢

社會中的弱勢族羣往往是最沒有聲音，最不受到重視的一羣。很多作者對社會中的弱勢者寄予同情，寫成文章，希望能提醒社會大衆的關心注意，如洪醒夫的〈散戲〉、瘂弦的〈坤伶〉、〈乞丐〉、心岱的〈遊戲者〉；關心原住民的有黃春明的〈戰士，乾杯！〉、阿盛的〈腳印蘭嶼〉；莫那能的〈恢復我們姓名〉則是新一代原住民的心聲。

洪醒夫的〈散戲〉：舊社會在廟會祭典之際，會邀請劇團演出，一方面是酬神，另一方面是藉此提升農村的人際關係。然而，時移勢轉，工商業社會中繁忙的人們，不像舊時農業社會的經濟型態，能有農閒時刻以民間戲劇作爲消遣，而且電影電視等等傳播事業的興起，更轉移了人們對民間戲劇的興趣。在新流行文化的衝擊下，民間劇團也曾經企圖適應新的潮流，然而，不是隨波逐流，失去自己的本來面目，便是在痛苦的掙扎中敗下陣來。〈散戲〉中的玉山歌仔戲團，在康樂隊與面目全非的布袋戲的強力競爭下，爲了爭取觀衆，竟然讓身穿戰袍、頭戴盔甲的精忠岳飛，一邊扭搖，一邊唱起「梨山癡情花」，這番不倫不類的荒謬場景，使得飾演岳飛的秀潔深深覺得蒙受侮辱踐踏而淚水崩灑，團主甚至哭叫著，並且拿酒瓶砸自己的頭，從而使整個劇團走向「散戲」的下場。整篇文章旨在於凸顯舊文化受到新文明吞噬的無奈。但在〈散戲〉一文的最後，團主決定在「散戲」之前演出最好的一場戲，這是在時代的洪流衝擊下所做的最後堅持與努力，這樣的敬業精神，著實令人感動。

瘂弦的〈坤伶〉、〈乞丐〉：瘂弦《中國新詩研究》中曾說：「詩人的全部工作似乎就在於『蒐集不幸』的努力上。」由這個說法中，我們可以領受到瘂弦悲天憫人的胸懷，所以他的詩中常以小人物悲慘的一生，來揭露社會的眞面目。〈坤伶〉和〈乞丐〉都是這類的作品，〈坤伶〉一詩的女主角，李元洛於〈清純而雋永的歌——瘂弦詩作欣賞〉中就原詩中「那杏仁色的雙臂應由宦官來守衛／小小的髻兒呵清朝人爲她心碎」以爲是：「她原來大約是清朝的宮女，後來寄跡於梨園，流落於江湖。」蕭蕭的〈瘂弦詩選註〉則以爲「她應是滿清貴族的後裔……如今淪爲戲子，清朝人觸景傷情，爲她心碎。『杏仁色的雙臂』可以顯示她的嬌貴」，無論這兩種說法是否正確，但我們可以確定的是這個坤伶是美麗而迷人的，但無論在台上如何風光，男人卻只視她爲玩物，而每個婦人都詛咒她。而她眞正的心情呢？詩中「『哭啊……』／雙手放在枷裡的她」表面寫的是她唱「玉堂春」，但實際寫的是坤伶的心聲。〈乞丐〉一詩寫的是一個在寒冷冬天裡飢寒交迫的乞丐，他無金無食，沒有今天，更沒有未來；人們對待他的是「自己修築的籬笆」，冷漠以對。兩首詩關懷的主體都是大時代中小人物的悲劇。

心岱的〈遊戲者〉：這篇文章可以和洪醒夫的〈散戲〉對照呼應，是一篇小型的報導文學作品，全文焦點放在一個歌仔戲班的老婦人身上，團員隨著舞台需要而浪跡天涯，他們「爲了逃避散戲的寂寞，明日的奔波成了唯一的期待」。他們得不到應有的社會尊重，但老婦人並沒有看輕自己的行業，反而相當執著，以自己的兒孫傳承衣缽爲榮，不計現實的利害，連抱在懷中才三個月大的曾孫女兒，她都要曾孫女兒「好好地聽，牢牢地記」，希望她能傳承這個行業。作者在這篇文中對民間藝人是理解也是尊重，但內心也在爲這個式微的草根文化憂心，爲這些努力付出的民間藝人感到不平吧！

黃春明的〈戰士，乾杯！〉：藉一個典型的原住民家庭的描寫，透過漢人作家的感知，敍述一個原住民家庭的心酸血淚史，也藉此透視台灣少數民族的世代苦難。作者在民國六十二年時，一個偶然的情況下進入一個魯凱族青年家中，看到牆壁上與耶穌受難圖並列的三張族人的遺照，居然各著日本軍、八路軍、國軍軍服，他們家四代男人，除了早先祖父當自己部族的勇士，媽媽的兩任丈夫一個當日本軍、一個是八路軍，哥哥卻又是國軍，他們都是爲侵略者當士兵，爲敵人打另一個敵人，在這荒謬的事件中，表現了原住民的心酸歷史。最後作者滿懷著漢人社會結構的暴力原罪，在酒醉的氛圍中向原住民四代的戰士乾杯，文中表現對原住民的關心與尊重，也提醒讀者能以互重的態度來關心、看待原住民。

阿盛的〈腳印蘭嶼〉：蘭嶼在自然景觀上保留了相當多的自然原貌，但相對於繁華的都市，蘭嶼似乎跟不上時代的腳步，由於文化上的劣勢，也因此遭受忽略、冷落，「到此一遊」的觀光客不瞭解也不尊重蘭嶼，阿盛在〈腳印蘭嶼〉中以詼諧諷刺的筆法表達這樣的悲哀，也諷刺了城市人的無知和自以爲是，希望能喚起人們關心並尊重原住民的文化。

莫那能的〈恢復我們姓名〉：長期以來原住民一直沒有受到應有的尊重，甚至被强迫必須以漢人的方式來命名，原住民徹底喪失了自我，過去的道德文化、英勇的氣概都煙消雲散，在本詩中作者呼籲「請先恢復我們姓名與尊嚴」，要求恢復他們的姓名，其實就是要求重新尊重他們，並不只限於姓名，還包括了他們的文化、生活習俗與生存權利，這是原住民自覺運動的心聲。

(四)對現代社會的變遷表示憂心

對現代社會的變遷表示憂心的部分，我們略又可分爲人文精神和環保問題的關心，如：吳魯芹的〈數字人生〉、阿盛的〈火車與稻田〉、鄭寶娟的〈關掉電視〉、龍應台的〈正眼看西方〉是對現代人文社會的變遷表示關心，而郭鶴鳴的〈幽幽基隆河〉、龍應台的〈焦急〉、許達然的〈失去的森林〉則是對社會的變遷下的環保問題表示憂心。

1.人文精神的關心

吳魯芹的〈數字人生〉：在現代文明的高度發展下，人類的生活也發生了急遽的改變。吳魯芹這篇文章是寫現代文明對人類的衝擊。現代文明科技雖然給人類帶來方便，卻也支配了我們的生活，作者以詼諧富有感情的筆調，比較傳統與現代的矛盾，最後對自身傳統美德的失落和工業發展而產生的污染表示痛心疾首。

龍應台的〈正眼看西方〉：自從清末鴉片戰爭中國戰敗後，西方國家即以強勢的身影凌壓著中國，中國人一方面是自卑，另一方面卻又以五千年的輝煌過去自豪，於是產生既自卑又自大的複雜情結，國人看待西方的文化和事物，常在崇洋與反洋的兩種矛盾心態中掙扎，作者眼見這樣的情況，希望呼籲國人要能以客觀的心態面對西方，除去崇洋或反洋的心魔障礙，以更寬更遠的眼光來「正眼看西方」，才能擷長補短，從西方巨大的陰影中站出來。

阿盛的〈火車與稻田〉：從七十年代開始，台灣文化界興起了一股回歸鄉土的熱潮，台灣作家開始把創作的焦點轉向台灣農村、關心農村，阿盛出身於台南鄉下，對農村有深厚的情感和認識，這篇文章藉著火車和稻田的象徵對比來貫串全文，火車將鄉下人的想像引向遠方的城市、載向城市，而稻田的消失則象徵著台灣農村在現代社會變遷中逐漸沒落，這是無法阻止的時代洪流，作者對此有深深的感慨。

鄭寶娟的〈關掉電視〉：電視是現代人最普遍最廉價的消遣，它入侵了現代人的每一個家庭，也占據了每一個孩子的時間和空間。人們在電視的聲光刺激下，已習慣尋求耳目之間的瞬間刺激快感，再也不願意花時間和精力去細心親身體驗，只願意快速地由電視吸取廉價方便的資訊，久而久之，人們失去了自己的行動力。電視扼殺親子的相處時間，戕害孩子的創造力和價值觀，更提供了犯罪資訊和沒有格調的次文化，所以電視已成了現代文明的最大公害。作者透過種種數據、經驗和實例推測，希望能說服讀者關掉電視，重新正視生活的本質，回歸原味的生活。

2.環保問題的關心

郭鶴鳴的〈幽幽基隆河〉：這一篇文章中，作者對於現代社會對環境的污染深表感慨，以「渾沌日鑿一竅，七日而渾沌死」的古老傳說爲楔子，成爲全文的線索，「源頭活水」寫的是渾沌天眞未鑿、清澈晶瑩；而後由「平溪到十分」，煤炭廠的污染和養雞人家、住家垃圾，已使基隆河成爲藏污納垢的淵藪；「北上瑞芳」垃圾更多了；「八堵到內湖」又加上夾岸工廠排入含有劇毒的工業廢水，基隆河的生命是油盡燈枯了。基隆河由上游流到下游的過程是「日鑿一竅」，到「最後一段旅程」，基隆河已是浩劫難逃了。本文主題著眼於日漸嚴重的污染問題，深度關切環保，令人省思。

龍應台的〈焦急〉：這是一篇批評民國七十年代台灣社會的文章。作者去國十年，決定返回故鄉尋找自己文化的根。回國後竟看到許多不合理的社會現象，於是寫下一連串社會評論的雜文。因爲作者所寫的幾乎都是批評台灣的文章，很多人指責作者只看見台灣的缺點，看不到台灣美好的一面。作者先藉認眞的肉販、親切的郵務、厚實的農夫的描寫，呈現台灣鄉土人情動人的一面，表明自己對這塊土地的認同。但筆鋒一轉，寫到一幕幕令人傷痛的髒亂景象，最後以「原諒我，我眞的寫不出讚美的文章來，因爲我心急如焚。」來凸顯文章主題，表現他對台灣愛之深責之切的用心，這篇文章雖然寫在七十年代，但從今日的台灣社會角度來看，仍同樣值得我們反省警惕。

許達然的〈失去的森林〉：許達然在自編的《台灣當代散文精選》序以爲「對台灣本土的心賞與生態環境的關懷成了八十年代的主題」，而這也是他散文創作的貫串性主題。他面對台灣轉型爲工商業社會時所遭受的生態環境污染，表現抗拒，對原始自然生態感到懷念，文中常寫對自然與文明的省思，而在人類文明社會中的動物處境，也是許達然省思自然與文明對立中的一個層面。許達然有好幾篇散文都是以動物爲主角，深沈的表現動物在這個文明世界中所遭遇的困境。許達然在文中對這些無辜的動物寄予深厚的同情，並以身爲人類而感到罪惡，用文字對現代文明衝擊下的大自然提出全面的反思，用文字對生命的存在提出人與自然融合共存的要求。這篇文章藉著描述老家猴子阿山的寂寞，來批判人類的自私與殘酷。「失去的森林」即是指阿山被人類豢養後，用鐵鍊綑綁，使他失去了自由的空間，失去了應該屬於牠的自由森林，也喪失他原有的本性。作者也藉鐵鍊比喻箝制人性的文明束縛，人類因此失掉了心靈的自由和原始的生命力，如同失去了森林。文中主題雖是對自然界的動物表示同情，但也值得人們反思。

(五)對現實社會的厭倦與逃避

在黑暗的時代，作者因爲對現實社會感到灰心，因此產生遁世的思想，如陶淵明的〈桃花源記〉。

陶淵明的〈桃花源記〉：陶淵在明年輕時有儒家兼濟天下的抱負，但入世嘗試失敗，因此轉而歸隱田園。這篇作品是陶淵明晚年所作。這時陶淵明棄官鄉居已經十多年，他在作品裡描繪了一幅沒有戰亂，沒有剝削，人人勞動，平等自由以及社會風氣淳厚，人際關係友好和睦的農村樂園的生活圖景，透過它來表現自己的社會理想，同也表達對混亂的現實社會的不滿和否定。作者寫桃花源的情形眞切動人，這與他長期生活在農村中有密切關係，《桃花源詩並序》是陶淵明的重要作品，在中國古典文學中有很高的地位。身處戰爭頻仍的亂世，詩人見到動亂造成民間百姓的顚沛流離，賦稅也由畝稅制改爲口稅制，人民更是苦不堪言，他虛設桃花源可說是一種移情作用，用它來反映人民想擺脫剝削的願望，而寄寓了對美麗社會的嚮往。我們看到的桃花源也是一個農村社會，有如儒家的大同世界，也如道家小國寡民的世界，在這裡我們可以看到他全部的人生哲學和政治理想。但此理想社會非他一人的，而是整個社會的理想圖繪。此記交代桃源人爲避秦時亂而來此絕境，其實是對當時黑暗社會的控訴，晉宋時代的戰亂總計有十三次之多，而且大部分是權利之爭，淵明痛感這是一個「眞風告逝，大僞斯興」的時代，所以託言避秦，是「以弔古之懷，寫傷今之淚」，寫此境美好的園景也與當時殘破的農村景象形成了強烈對比，凸顯社會的不合理；而桃源中人的「嘆惋」正是詩人的嘆惋。文中寄寓對現實的不滿，也可見出詩人對當時社會現實作了嚴厲的批判。

二、政治背景

知識分子爲我國傳統社會的領導階層，充滿著以天下國家爲己任的使命感，歷朝歷代的知識分子對政治的隆污、民生疾苦、民族的存續都有強烈的責任感。這也形成了一種精神動力，或靠著這種動力推陳出新，推動新觀念以改革政局；或奮不顧身，因自己的政治理想爲國捐軀，從容就義。在各家高中國文的選文中，就有許多在政治使命感下寫出的文章。

㈠針對當時的政治弊病提出諫言

李斯的〈諫逐客書〉、魏徵的〈諫太宗十思疏〉及蘇軾的〈教戰守策〉都是對當朝的疏失或弊病直接提出諫言。而諸葛亮的〈出師表〉則是於出師前對蜀後主的悃誠忠言。

李斯的〈諫逐客書〉：李斯原是楚國上蔡人，後來到秦國遊說秦王統一天下，被拜爲客卿。秦王政十年（西元二二七年），發生韓國水工鄭國假借爲秦修築水利之名，要秦國修築長達三百餘里的灌溉渠，想要耗損秦國國力的事件，秦王接受宗室大臣的建議，下令逐客，而李斯也在被逐之列。於是他在出境途中上〈諫逐客書〉，力陳逐客之不當。但全文並非由個人出發，而是純粹從秦之利害客觀分析，動之以利害，明之以事理，最後終於讓秦王收回了逐客的成命。文中也表現李斯順應時代潮流，提出「任人爲賢，應不分畛域」的政治主張。

諸葛亮的〈出師表〉：劉備因伐吳失利，憂憤而病崩於白帝城，劉備死後，子劉禪繼立，改元建興，封諸葛亮爲武鄉侯，兼領益州牧。諸葛亮積極準備北伐曹魏，他行事謹愼，勵精圖治，敦睦鄰邦。建興三年春，平定雲南境內叛亂，使後顧無憂。建興四年，魏曹丕崩，子明帝曹叡初立，司馬懿輔政。諸葛亮見機不可失，於建興五年，率軍進駐漢中（今陝西南鄭縣），準備北伐曹魏，臨行上奏此表。表中闡明出師伐魏的決心，並勉勵後主要「親賢臣，遠小人」，希望他砥礪君德，發憤圖强，完成復興漢室的雄心壯志。文中殷殷叮嚀，語語出自肺腑，實爲古今至文。

魏徵的〈諫太宗十思疏〉：唐太宗是中國歷史上最能納諫的君主。古代的君主，權威感極重，諫諍是以下逆上、以臣抗君的行爲，對君主的權威是一種打擊，如果沒有寬宏的度量，君主是很難納諫的。所以，中國古代向來認爲納諫是一個君主的美德，但眞正能納諫的君主卻相當稀少。唐太宗諸多直諫大臣中，魏徵是其佼佼者，貞觀年間魏徵前後進諫兩百餘次。貞觀初期由於魏徵等人的諫諍，太宗基本上都能做到居安思危。貞觀九年西突厥處月部遣使入貢，十年吐谷渾郡王來朝，太宗並於此年改封宗室諸王，完善府兵制，十一年頒新律令於天下。隨著政治的穩固和經濟的發展，太宗逐漸變得志得意滿，以爲可以安享太平，下令修飛仙宮、築陵墓，不悅逆耳之言。魏徵看到唐太宗逐漸怠惰，倦於政事，追求奢靡，便上奏「十思」，即「見可欲則思知足，將興繕則思知止，處高危則思謙降，臨滿盈則思挹損，遇逸樂則思撙節，在宴安則思後患，防壅蔽則思延納，疾讒邪則思正己，行爵賞則思因喜而僭，施刑罰則思因怒而濫」，陳述歷代興亡的歷史教訓，說明人君當居安思危、積其德義，語重心長。最後太宗也能察納雅言，成爲歷史美談。

蘇軾的〈教戰守策〉：北宋中葉以後，宋王朝西北邊境受到遼和西夏的嚴重威脅，隨時都有遭到侵擾的可能；宋王朝又安於所謂百年無事的太平局勢，痲痺大意，萎靡不振；同時對遼和西夏採取賄賂政策，有求必應，致使國家財政越來越困難，實力越來越弱。蘇軾清醒地認識到當時的嚴峻現實，認爲戰不可避免，明確指出「知安而不知危」，「能逸而不能勞」是當時的最大隱患，這就是全文的中心論點。文章首先提出論點，然後引用正反兩方面的史實加以論證，再用個人養生之道比喻說明國家防禦之策，接著根據形勢闡明戰爭的必然性，最後提出教民戰守的具體方案。全文邏輯嚴密，面面俱到，運用對比和比喻說理，精警透徹，是一篇具有强烈現實性和針對性的優秀政論文。

(二)對當時的政治問題提出委婉的諷諫

賈誼的〈過秦論〉、歐陽修的〈縱囚論〉及蘇洵的〈六國論〉都是以古諷今，假借評論古事，提醒當朝者，以作爲執政的借鏡。

1.借古事諷今

賈誼的〈過秦論〉：共有上中下三篇，上篇過始皇，中篇過二世，下篇過三世，本文爲〈過秦〉三論中的上篇。其寫作目的非常明確，是提醒漢文帝要吸取秦朝覆滅的教訓爲借鏡，實施仁義。文中說明秦國文化潛藏的危機不在守成或者懦儒，而是缺乏自省的能力，執政者一貫採用威嚇恫嚇的方式，未視百姓爲人，文末點出「仁義不施，而攻守之勢異也」的主旨。「施仁義」正是儒家的仁政主張、民本思想，賈誼藉說明秦政之失，希望能進一步使漢文帝引爲借鏡，施行仁政。

歐陽修的〈縱囚論〉：據《舊唐書・太宗紀》：「貞觀六年十二月辛未，親錄囚徒，歸死罪者兩百九十人於家，令明秋末就刑。期後應期畢至，詔悉原之。」許多人把唐太宗此舉解釋爲德政，並大大歌功頌德一番。但歐陽修卻認爲此舉違背常法而加以批駁。因自唐末五代以來，藩鎮割據，刑戮殘酷，宋太祖建國之時，爲矯正這個弊端，於是常行赦令。除大赦之外，每三年必定期於冬至行郊祭之時行「郊赦」；另有區域性的特赦，稱爲「區赦」；又有

「德音」，將死刑犯和流放犯減刑，其餘釋放。簡直是一赦再赦，不可勝數。宋代國君爲了博取仁政的美名，頻頻赦囚，已達到浮濫的地步，不但失去原有赦囚促使改過自新的美意，更使囚犯會有心存僥倖的心理，以致作奸犯科而無所懼。歐陽修的〈縱囚論〉就是爲糾正君王的過失，藉批評歷史明君唐太宗，以諷諭當朝。

蘇洵的〈六國論〉：北宋建國之初採用「先南後北」的戰略，雖然統一了中原，但未能收復被石敬瑭割給契丹的燕雲十六州。宋太宗兩次征遼失利後，宋王朝從此再也不敢興師北伐。遼國對北宋採用和戰兩手段，和就是索地、索幣、索絹，戰就是任意掠奪女子玉帛，北宋王朝一直是採取妥協的辦法，以財賂敵，求得短暫苟安。北宋自眞宗景德元年與遼訂立「澶淵之盟」後，每年奉送遼國白銀十萬兩，絹二十萬匹。宋仁宗慶曆二年，遼派使者向北宋索要晉陽和瓦橋以南十縣的土地，結果訂約由北宋每年增加給遼國白銀十萬兩、絹十萬匹。慶曆三年，西夏請和，宋朝又每年給白銀十萬兩、絹十萬匹、茶三萬斤。蘇洵對朝廷這種「花錢買苟安」的畏縮行徑，眞是痛心疾首，他想透過論述戰國時期六國賂秦滅亡的事實，總結歷史教訓，來諷喻北宋統治者引爲鑒戒，改變妥協苟安的外交政策。事實上六國滅亡的原因是複雜的、多方面的，本文的價值不在於科學的論斷，而在於作者起夠緊密結合社會現實，表面上寫六國滅亡的原因弊在賂秦，藉此評論北宋賂敵政策的不當，希望爲政者引以爲戒，不要重蹈覆轍，具有強烈的現實意義。

2.以寓言諷世

寓言就是有所寄託之言，以淺近假託的故事或用擬人手法，表達某種哲理的文學。大多是以詩或散文形式寫成，其中的主角常是動物，有時也可能是人、植物、或其他生物，透過說故事的形式表達一種思想或一個觀念，常含有訓誨的教育作用。文末有時會有幾句意味深長的話，以點明全篇旨意。如柳宗元的〈捕蛇者說〉、〈種樹郭橐駝傳〉、〈蝜蝂傳〉、劉基的〈賣柑者言〉、〈良桐〉、〈狙公〉、方孝孺的〈指喻〉都是利用寓言對爲政者的施政方式提出自己的看法，或對政壇的小人作辛辣的諷刺。

柳宗元的〈捕蛇者說〉、〈種樹郭橐駝傳〉、〈蝜蝂傳〉：柳宗元的〈捕蛇者說〉：唐順宗永貞元年，柳宗元參與了以王叔文爲首的政治革新，結果失敗，被貶爲永州司馬，前後歷時十年。在這段期間，他有更多的機會接觸到下層階級，瞭解人民的疾苦，激起對朝廷苛稅重賦的不滿，〈捕蛇者說〉正是揭露了政府橫徵暴斂，給人民帶來家破人亡的苦難，希望藉此給爲政者一個反思。〈種樹郭橐駝傳〉的背景則是因安史之亂後，民不聊生，可是執政者仍假藉行政命令胡亂指揮，人民反而疲於奔命，增加了財物上的負擔和精神上的痛苦，柳宗元有鑑於此，認爲政府應該體恤人民，讓人民得以休養生息，基本上本文乃是以老莊「無爲而治、順乎自然」的思想爲出發點，而藉由郭橐駝自我介紹種樹的經驗，談論無論養樹、養人都必須「順天致性」，揭示爲官治民的道理。〈蝜蝂傳〉表面上是一篇傳記，但爲小蟲子寫傳，其實仍是藉蟲寓人的寓言，爲柳宗元被流放永州的時候所寫。文章結構很簡單：一半寫蟲，一半寫人；蟲是寓依，人是寓體。柳宗元是藉著喜歡爬高且貪多務得、至死不改的愚蠢小蟲，辛辣地諷刺官場中巧取豪奪、貪求無厭的醜惡現象。

劉基的〈賣柑者言〉、〈良桐〉、〈狙公〉：〈賣柑者言〉約作於元末作者歸隱前。當時作者仍任江浙儒學副提舉，面對元末岌岌可危的政治和千瘡百孔的社會，相當憤慨。作者藉「金玉其外，敗絮其中」的柑來諷刺政壇上欺世盜名的文武百官，譬喻巧妙、用筆犀利、人物刻畫生動，是一篇精彩的諷世短文。〈良桐〉、〈狙公〉這兩篇文章都選自《郁離子》，《郁離子》一書推測應是作者作於元末棄官歸隱之時，劉基弟子徐一夔在〈郁離子序〉中說：「《郁離子》者，誠意伯劉公在元季時所著之書也。公……年二十已登進士第，有志於尊主庇民。當是時，其君不以天下繫念，而公銳欲以功業字，見累建大議，皆匡時之長策；而當國者樂因循而悅苟且，抑而不行。公遂棄官去，屏居青田山中，發憤著書，此《郁離子》之所以作也。……」可見《郁離子》的創作背景乃是在於「當國者樂因循而悅苟且」的政治因素下，作者有意藉《郁離子》一書勸世諷俗，針砭時政，書中多以隱約譬喻之言寓哲理警戒之思。〈良桐〉便是劉基親身經歷元末腐敗政治的寫照，人才的良窳有關於政治的清明與否，甚至影響國家的存亡，但當權者無知卻強充內行，晉用大量庸才，讓劉基感到憤怒絕望。〈狙公〉則藉狙公比喻那些居高位、不勞而食的統治者，他們是靠人民的勞力奉養，卻只知奴役人民，不知體恤人民，人民一旦覺悟，揭竿而起，政權就會滅亡，本篇具有強烈的人本思想。

方孝孺的〈指喻〉：這是一篇政治小品，作者藉鄭仲辨手上的小疹終成大患，強調「天下之事，常發於至微，而終爲大患」；而「衆人」之笑「以爲不足患」，正以「衆人之誤病」暗寓批判「庸才誤國」思想。最後明確點出「謀國」二字，說明「指喻」一文之本意乃在於希望「有位於時」之人，能以「拇病爲戒」，能掌握時機，擺脫庸人的干擾，以免釀成喪身亡國的悲劇。這篇文章思想深刻，足以發人深省。

㈢表達自己的政治理念

在《禮記．大同與小康》一文中，孔子揭示他的最高政治理想；韓愈的〈送董邵南序〉是送友人，同時也是委婉的勸阻董邵南不要投效藩鎮；柳宗元的〈送薛存義序〉則是對朋友的從政充滿期許；王安石的〈答司馬諫議書〉、宗臣的〈報劉一丈書〉都是利用書信與人交換討論自己對政治問題的看法；黃宗羲的〈原君〉、曾國藩的〈原才〉都是表達自己的政治理念。

《禮記．大同與小康》：《禮記》是孔門後學所記有關於禮的單篇文章，所謂「記」，通常是解經的書，不過，在禮記眞正的內容裡，除了部分解經而作之外，還有蒐集當時禮文相關記事、得失等單獨成篇的內容，是一部儒家「禮」的思想的資料彙編。《禮記》的作者不止一人，寫作時間也有先有後，其中多數篇章可能是孔子的七十二弟子及其學生們的作品，還兼收先秦的其他典籍。內容廣博，門類雜多，涉及到政治、法律、道德、哲學、歷史、祭祀、文藝、日常生活、曆法、地理等諸多方面，體現了先秦儒家的政治、哲學和倫理思想，是研究先秦社會的重要資料。現在我們所看到的《禮記．禮運篇》因爲年代久遠，眞正的作者已不可考，有人認爲可能是戰國時期的儒家後學雜糅老子和《易經》思想而寫成，當時各國戰亂頻仍，爲爭土地、爭權力而戰，那時的儒家知識分子們就能看到「家天下」社會是很不足的，只是一個「小康」社會，作者嚮往一個不分彼此，沒有鬥爭，人人安居樂業，天下爲公的「大同社會」。〈大同與小康〉即是表現這樣的政治理想。

韓愈的〈送董邵南序〉：董邵南是韓愈的故交，頗有才學，卻屢試不第，韓愈對此頗爲同情，曾經寫過一首〈嗟哉董生行〉，中有「隱居行義於其中，刺史不能薦，天子不聞名聲，爵祿不及門」，表示對董邵南遭遇的遺憾。董氏因失意於科考，憤而欲至河北改投效藩鎮，另謀出路。客觀情勢上，朝廷的選士制度已造成「野有遺賢」的不公事實，董邵南「懷抱利器而不得志於有司」，心中的抑鬱，韓愈當然可以理解。但唐代的藩鎮大都是割地自雄，並不懂得如何創建一個像樣的政治規模，尤其河北三鎮自安史之亂後即不聽號令，自立主帥，自行教化，形同獨立王國，韓愈並不贊成董邵南只求聞達，罔顧國家整體安全的作法。所以在送董邵南時寫下此序，以含蓄吞吐的筆法勸勉董邵南要能慕義彊仁，明辨是非，愼擇去留，但同時也含蓄的諷刺朝廷不能善用人才的缺失。

柳宗元的〈送薛存義序〉：這篇文章作於柳宗元貶官永州司馬時，薛存義爲柳宗元同鄉，當時薛存義代理永州零陵縣令二年，極有政績，當他離任時，柳宗元以同鄉之誼爲他餞行，並做此文以相贈。文中借送別論吏治，提出「官爲民役」的見解，認爲官吏是人民所雇用的僕人，職責是公正的爲人民辦事，同時也批判當時的官吏怠忽職守，以當時的時代背景，柳宗元能有如此的先進政治思想，實在是不容易。

王安石的〈答司馬諫議書〉：神宗熙寧二年二月間，王安石以諫議大夫升任參知政事後，開始實施新法，王安石變法充滿改革魄力與大無畏的精神，獨排衆議、一肩挑起走向變法圖強之路，不爲他人的批評而動搖。時賢對新法多持反對意見，認爲祖法不可廢，其中尤以司馬光更是不以爲然。王安石與司馬光都是當代一流人物，但在政治上卻有完全不同的看法，司馬光屢屢以書信詰難王安石，尤其在〈司馬光與王介甫書〉中洋洋灑灑三千餘字，王安石將之歸納爲「侵官、生事、徵利、拒諫」四事，在〈答司馬諫議書〉中一一加以駁斥，文中雖是斬釘截鐵，態度卻是誠懇平和，由此篇文章我們不僅可以欣賞王安石層次淸楚、結構嚴謹、詳略得當的文筆，也可想見先賢爲國除弊的勇氣和決心。

宗臣的〈報劉一丈書〉：明世宗嘉靖年間，嚴嵩父子弄權，百官阿諛奉承，競相奔走於嚴氏門庭，公然行賄，政風敗壞，醜態百出。宗臣對此深感痛心，長輩劉一丈曾在書信中以「上下相孚，才德稱位」相教誨，在回覆劉一丈的信中，宗臣緊扣「上下相孚」一語議論官員巴結權貴的醜態，深刻揭露當時官僚集團內部的污濁醜惡，也藉此表明自己不肯同流合污的心跡。作者雖後來因此觸怒了嚴嵩父子，卻也留下了一個有爲有守的人生典範。

黃宗羲的〈原君〉：有明一代，政朝起伏，大獄株連、宦官專政、廢宰相，一切權力歸君主，中央集權專制發展至最高峯。黃宗羲繼承《孟子》「民爲貴，社稷次之，君爲輕」的思想，他所寫的《明夷待訪錄》中，〈原君〉是第一篇，開宗明義就是批判君主專制制度。其批判不是停留在帝王的昏庸、吏治的腐敗那樣的層面上，而是從根本上予以否定，要求進行徹底的改造。他根據儒家的民本思想和大同理想以及史書上有關天子禪讓的記載，證明專制君主，違背設君的本義，專制政體下的官僚違背臣道，專制政體下的法律是「非法之法」。他認爲天下並非個人的私產，就因後世人君視天下爲個人私產，於是引起他人爭奪之心，難以久保。〈原君〉一文主旨在於强調唯有釐清人君職分是在爲天下興公利、除公害，才可避免帝位爭奪、生民塗炭。

曾國藩的〈原才〉：曾國藩所處的時代，是清王朝由乾嘉盛世轉而爲沒落、衰敗，內憂外患接踵而來的動蕩年代。曾國藩親歷太平天國及捻軍之亂，深深感到人才對國家的重要性，認爲「風俗之厚薄」是繫於「一二人之心之所嚮」，「先王之治天下，使賢者皆當路在勢」，而「今之君子之在勢者，輒曰天下無才」，曾國藩希望能藉著這篇文章警惕當朝的「有國者」能「愼擇與共天位之人」，而「士大夫」能「謹其心之所嚮」。盼望各階層的領導者，都能注重人才的培養，使賢者在位，發揮移風易俗之效。

㈣對統治政權的反動

「疾風知勁草，板蕩識忠臣。」在亂世中，總有許多勇於挑戰權勢，忠心爲國，可歌可泣的故事，方苞的〈左忠毅公軼事〉就是寫左光斗不畏權勢，爲國盡忠的事蹟。而台灣自從甲午戰爭，清廷戰敗，與日本簽訂馬關條約，淪爲日本的殖民地，當時在台灣有許多愛國志士不屈服於異族的統治，或以實際行動進行抗日活動，或以他們的筆，表達出台灣人不屈的精神，其中以連橫的〈台灣通史序〉、賴和小說〈一桿「稱仔」〉及楊逵的〈種地瓜〉爲代表。

方苞的〈左忠毅公軼事〉：明熹宗昏庸，寵幸宦官魏忠賢，朝政日非，左光斗爲官剛直，與楊漣於天啓四年，草奏彈劾魏忠賢三十二斬之罪，爲魏忠賢偵知，除官籍，入廠獄，酷刑拷訊致死。左光斗之長兄亦遭連累而死，左母悲傷過度而死。方苞這篇文章是藉左光斗與史可法師生之情與史可法的忠毅，側寫左光斗不向黑暗政權低頭的忠毅精神。

連橫的〈台灣通史序〉：光緒廿一年，清廷與日本議訂「馬關條約」，清廷把台灣和澎湖列島割讓給日本，台灣遂陷於日人統治魔掌，連橫生活於日本殖民台灣的時期，他一生反抗日本的殖民統治，爲台灣回歸祖國奔走呼號，表現了台灣愛國知識分子憂國憂民的情懷。故其作《台灣通史》卷四，述清光緒廿一年臺人英烈抗日史事，取〈獨立紀〉名篇，有其特別深意。然《通史》出版（民國九年）時，日本政府以「獨立」隱含台灣爲中國之土地，接收當時日本遭到臺人抵抗，深極不悅，强令必須更名，於是改爲〈過渡紀〉。連雅堂處於日本統治之世，不忘喚醒國魂，於是仿中國正史體裁，作《台灣通史》，使台灣文獻可徵。〈台灣通史序〉爲《台灣通史》的書前序，說明修《台灣通史》的緣由，並且對先民篳路藍褸、開荒拓土的艱苦精神表示無限的敬意，處處洋溢著對鄉土深切的關愛之情。

賴和的〈一桿「稱仔」〉：賴和出生於一八九四年五月二十八日的台灣，這一年中日爆發甲午戰爭，次年清廷簽訂馬關條約，將台灣澎湖割讓給日本，淪爲日本的殖民地，他逝世後二年，台灣才脫離日本的統治，所以他在世期間，正是日本强權酷虐台灣之時。賴和的民族意識極强，一生堅持用漢文寫作，一生創作的主題大致有三：一、舊社會習俗的敗壞。二、被屈辱的人民。三、弱者的奮鬥。這是殖民地抗議文學的標準模式。〈一桿「稱仔」〉描寫初做生意的菜販，被習慣欺壓良民的巡查無理刁難、凌辱，殖民統治機構的尖兵是警察，警察直接騎在勞苦大衆的頭上，動不動就藉殖民地的惡法摧殘大衆，作者藉菜販的被逼迫，說明在强權之下沒有眞正的公平與正義。最後以菜販捨命和惡警一拚的決絕，暗示了台灣民衆，唯有徹底覺悟、合力推翻殖民統治才有光明遠景。

楊逵的〈種地瓜〉：楊逵十一歲時，曾親睹礁吧哖事件反抗軍民被屠殺的慘狀。在日治時代，楊逵因參與社會運動，有十次被捕的經驗，他的文學，可以說是誕生於這些運動的縫隙中，不妨看作他運動生涯的副產品，除了延長他的社會主義思想運動的戰線之外，楊逵文學作品的另一個特色，應該是批判性的寫實主義風格。在這些作品裡，楊逵大都能牢牢地站在被殖民統治下，受剝削、受壓迫的人民的立場據理力爭。〈種地瓜〉的故事背景發生於日據時代的台灣農村，文中少年林文輝的父親被日本軍閥征調至南洋作戰，導致田園荒蕪，生活困厄，這篇文章中楊逵明確表達了他非戰的立場，也反應了台灣農民的困苦與堅毅不屈，而對日本殖民統治者的批判與控訴也隱含在文字之間。

三、思想背景

(一)哲學思想

一個作者的思想內涵除了受政治、社會背景影響之外，往往與當時的思想潮流或者與作者本身的思想背景有關，本節所要討論的是有關於作者的思想背景與文章內涵的關連。

春秋戰國的大時代背景，在政治上，周王室衰弱，天子地位低落，無力約束諸侯與對抗戎狄，各國兼併激烈，故霸者興起；戰國時代，競爭更烈，各國紛紛變法以求富强，各國諸侯和貴族集團的爭鬥愈演愈烈，弒君亡國屢見不鮮，大國爭霸，小國結盟，干戈不息。諸侯和卿大夫的實力不斷膨脹，所謂的「春秋五霸」與「戰國七雄」是實際上主宰著這個時代的諸侯國。在社會上，禮壞樂崩，封建趨於崩潰，郡縣逐漸形成。國君用人惟才，以致貴族沒落，平民崛起，士以知識技能謀生，官師之學變成私家之學，而且從黃帝以來的各種文物，經三代的累積已很豐富，加上封建崩潰，史官與官府藏書流散到民間，促成學術的普及。經濟上，農工商業發達，鐵製農具和牛耕已經相當普遍，農業和手工業的發展，使自由農民和手工業工人一天天的增加，勢力也漸漸擴大。大都市開始出現。因爲封建制度日趨毀壞，從此貴族沒落，平民崛起。貴族在封建制度破壞後流落民間，與庶民無異，只能以傳授知識技能謀生，學術文化也從貴族專有普及於民間。再加上社會政治的影響，一般的才智之士，可以抒發己見，用以勸諫君王，或著書立作，極力宣傳自己的主張，在社會上發揮了越來越大的影響力，百家爭鳴的局面由此產生，於是有諸子散文的產生，並且呈現長足的進步，與當時的史傳散文互相輝映。

從春秋末年到戰國初年這段時間，諸子散文開始嶄露頭角，出現了《論語》、《老子》、《孫子兵法》等著作；基本上是以語錄體、格言體爲主要格式，文字比較簡鍊質樸，篇章短小，長的幾百字，短的只有幾個字。這些諸子散文，內容往往具有深刻的哲理性、策略性，所以又稱爲哲理散文。但是這時期作品的論述往往沒有充分展開，還帶有某些片段性，正說明了這時的哲理散文還處在初創階段。戰國中期則以《孟子》、《墨子》、《莊子》爲代表。這時期的諸子散文以辯論說理爲主要形式，在體制上已具有一定規模，語言生動活潑，表達自由酣暢。其中《孟子》是孟子本人與弟子共同編訂的，全書以語錄體、對話體爲主，有的篇章已逐漸向論說文的方向過渡。「墨子」這個人是在孟子之前的，但《墨子》這本書卻成於《孟子》之後。《墨子》書中有一部份是有標題的專題論文，多數非墨子本人所作，而是由他的三、四傳弟子將他的語錄拼湊組合而成的。而「莊子」這個人大約與孟子同時或稍後，《莊子》的出現則又晚於《墨子》。《莊子》書中的《內篇》，可能出於他本人之手，《外篇》則是他的門人所作，《雜篇》則出於道家後學。比起前面幾部著作，《莊子》的文體比較複雜，大多仍有對話和片段的痕跡，尤其《雜篇》中的體制，似乎更爲完整。至於其他各家著作，如《商君書》、《公孫龍子》、《尹文子》、《申子》、《愼子》、《竹書紀年》等，大體上也產生於這個時期。戰國晚期，百家爭名的情勢已經發展到總結融合的階段，《荀子》、《韓非子》正是此時的代表。他們都不再限於對話體的辯說，而是圍繞著某一中心作專題性的探討。文章結構緊密，講求邏輯和修辭，反映出先秦說理文章的高度成就。而由呂不韋集合門客集體編著的《呂氏春秋》，就是企圖融合各家於一爐的創舉。它的內容博大，體制宏偉，系統周詳，把歷史和哲理、自然科學和社會科學結合起來，有敍有議，有綱有目，創造出和別家不同的風格。《呂氏春秋》、《荀子》、《韓非子》幾乎同時出現，都是爲大一統的帝國製造輿論，只是他們表達的方式、立場不同而已。

荀子的《勸學》：儒家自孔子開始即重視爲學，曾說：「吾終日不食，中夜不寢以思，無益，不如學也。」又重視禮，對學生施以「博文約禮」的教育。荀子承襲儒家的思想，提出勸學與隆禮。在荀子的哲學體系的人性論中，人的自然天性是惡的，要克服人性之惡，使人向善，就必須下功夫，即「僞」與「學」，荀子說：「人知性惡，其善者，僞也。」楊注：「僞，爲也，矯也，矯其本性也。凡非天性而人作爲之者，皆謂之僞。」荀子的「僞」是指與自然天性相對的社會人爲，即人文規範與社會導向。而既然人的自然天性是惡的，這樣的自然天性又如何能接受道德規範與倫理秩序的社會制約呢？那就必須靠「學」的功夫，荀子認爲：「不可學，不可事之在人者，謂之性；可學而能，可事而成之在人者，謂之僞。是性僞之分也。」（〈性惡篇〉）將「學」看成「僞」的過程，「僞」看成「學」的結果，所以荀子特別重視「學」。荀子〈勸學〉文中强調學的重要，從「學」的順序、意義、目的、科目、學風，荀子都做了具體而明確的闡釋。由這些闡釋中，我們可以看出荀子所謂的「學」乃圍繞著儒家的道德修養與實踐，以臻於「道德之極」的最高目的。由「學」而至「僞」，便改造了人性之惡，成就了道德君子與理想社會。荀子所謂「學」，所謂「僞」，其基本宗旨皆是要人修養自身，改惡從善，與孔孟仍是一脈相成的。

韓非的〈難儒者〉、〈齊桓公好服紫〉：韓非是戰國時韓國的公子，與李斯一同受學於大儒荀卿，卻成了集法家大成者，固然由於他本身喜好刑名法術之學，其思想根源仍來自於荀子學說。荀子認爲人性是惡的，必須以禮去教化，韓非也認爲人性是惡的、是自私的，但不同的是韓非以爲禮的約束力是不夠的，必須進一步以法去賞善罰惡，圍堵私欲。所以韓非在治國方面主張以法治國，這和儒家主張以德治國發生了歧點，韓非的〈難儒者〉即是針對舜耕、漁、陶而使人向善的古事提出質疑，認爲讚美舜的德化，及否定堯的治績，因爲必是堯的治績欠佳，才需要舜的勞苦化民。而且也批評舜的德化效果有限，收效緩慢，沒有行政效率，說明身教不如賞罰，對儒家主張以德治國的觀點提出有力的反駁。〈齊桓公好服紫〉一則選自《韓非子．外儲說．左上》，〈儲說〉內容主要說明國君駕馭臣下的道理，本文藉由齊桓公好服紫，引起國人仿傚的故事，說明當政者的行爲必引起全國民衆的模仿，以印證上行下效的道理，提醒領導者必須注意自己的言行舉止，成爲全國上下之表率，才能使社會安定，風俗淳美。並說明爲政者必須勇於檢討、對於自己失策的後遺症要能力求改進。

莊子的〈庖丁解牛〉、〈濠梁之辯〉：戰亂中的戰國時代，連年歲荒，昏君亂臣，百姓流離失所，諸子百家並起爭鳴，各想以其方法爲這個亂世尋找出路，卻讓這個世界更加紛亂。莊子哀憐人的愚昧無知，他鄙視功名富貴，更看破了人生，也想向世人訴說如何解脫社會，無奈他的思想與現實相差太遠了，於是莊子更加孤獨寂寞。莊子借「庖丁解牛」的故事來解說他的養生之道，莊子認爲做人處世應該順乎自然，在錯綜複雜的社會裏，安時處順，「因其固然」，我們要注意的重點便是讓自己不涉入紛爭，避開一切矛盾，對於任何一個可預見的社會衝突都事先規避，事情必能「迎刃而解」，方能令生機免受傷害，得以全性命，養精神，享天年。

我們從莊子這則寓言中，還可以領悟到以下的道理：庖丁解牛的技術，不是一朝一夕得來的，最初他看見的是整頭的牛，看不到牛的骨節間可以下刀的空隙。三年之後，他對牛體已瞭如指掌，所以不再把牛看成一個不可分的整體。最後進入只憑感覺和經驗判斷的最高境界，即「以神遇而不以目視」。人生有許多繁複的情況，就如牛體內有許多筋骨交錯聚結的地方，遇到這些情況，我們若能勇於面對困難，小心應付，在錯誤中反覆學習修正，必可達到「以神遇」的圓融境界。

莊子與惠施是摯友，時常激辯，而兩人之間的辯論往往摩擦出智慧的光彩，其中於《秋水篇．濠梁之辯》中，莊子與惠施相遊於濠水之橋上的對話，表現出莊子哲學體現出的藝術精神。莊子對水中的遊魚以審美意識觀照，主體忘卻自我，在精神上主客相融為一，於是發出讚嘆，說道：「鯈魚出遊從容，是魚之樂也」。但惠施馬上提出其懷疑，他說「子非魚，安知魚之樂？」，客體的心緒在於客體自身，而你莊子如何能知之？莊子強調的是完全泯滅物、我、主、客，惠施是邏輯推理式的思考模式，莊子卻提出了一個審美經驗：有限的主體可藉著無限的存有，主體的精神無有阻礙地無限擴大，主體忘卻自我，隨物而化，可體驗超越本體的審美意境。

(二)文學思想

文章的寫作往往與文學風潮的帶動有莫大關連，如曹丕《典論．論文》乃是中國文學自覺時期的重要文獻；而袁宏道〈晚遊六橋待月記〉則是對當時模擬風氣的反動；胡適的〈夢與詩〉是他在五四新文化運動時，所提出對於新詩的詩觀。

曹丕的《典論．論文》：東漢後期，宦官擅權，政治腐敗，人民生活極爲困苦。西元一八三年，黃巾起事，天下大亂；西元一九六年，漢獻帝在董卓被殺後逃出長安，曹操出師勤王，把獻帝迎接至許昌，改年號爲建安。從此，曹操「挾天子以令諸侯」，統一中原，名爲漢相，其實是北方的統治者。但是，他在「赤壁之戰」之中被劉備、孫權聯軍所敗，未能統一南方。結果，北方的曹氏，與西南的劉氏、東南的孫氏，形成三國鼎立的局面。這段時期便是文學史上著名的「建安時代」。建安時代在政治上是個衰世，但文學卻蓬勃發展，取得很豐碩的成果，而「建安文學」也成爲歷代文人稱許和學習的對象。漢代文學雖已有相當大的成就，但仍只屬經學史學的附庸。東漢末年，由於文學的發展和社會思潮的轉變，文士比前人更重視文學的地位、價值和作用，因而文學批評和理論也開始出現。這時最著名的是曹丕的《典論．論文》，文中明確地說：文章是「經國之大業，不朽之盛事」，指出文學具有不朽的價值，曹丕一反漢代士人傳統的風氣，把不具有美刺作用，不爲政治服務的作品稱爲

「不朽之盛事」，反映了建安文學的新風潮，儒家傳統束縛的鬆弛，是文學自覺性的表現，也是文學趨於獨立的原因。曹丕還同時從理論上探討各種文體的要求和特點，作品的風格與作者氣質才性的關係等問題，這都是中國文學史上最先出現的文學理論，而且建安文人對當代作家作品也經常提出評論。《典論・論文》對「建安七子」的評論，曹丕〈與吳質書〉、曹植〈與楊德祖書〉等，都是討論文學的著名書信，足以證明這段時期文學批評的風氣十分興盛。建安文學的發展，和這時的文學理論和批評，是有很密切關係的。

袁宏道的〈晚遊六橋待月記〉：明代文學的主流，沿襲中國文學傳統，以詩文爲正宗。但自明初以迄萬曆二百多年當中，作品數量雖不遜於唐宋，但其基本精神則無獨創的成就。究其原因，實因士大夫專注制義，鑽研八股經義，求取功名富貴，以致文學發展受到很大侷限。明代的文學思想和風格，自永樂以至弘治，流行的是雍容典麗，內容空洞的「臺閣體」，正德以後「擬古主義」興起，前後七子所倡導的「文必秦漢，詩必盛唐」，籠罩了文壇近百年，以字摹句擬爲能事，講究形式技巧，而思想內容則無新意。在明代後期，文壇沉寂之際，突兀誕生了一個新的文學派別，給文壇帶來了生機，這就是中國文學史上有名的「公安」派，他們吹起反擬古的革新號角，在明代的最後三、四十年，形成了壯闊的新文學運動。這個文學派以提倡「性靈」著稱，其領袖是出生於今荊州市公安縣的袁宗道、袁宏道、袁中道三兄弟，史稱「公安三袁」，該派因「三袁」是公安（今屬湖北）人而得名。他們都是明代著名的文學家，繼唐宋古文運動之後，又樹起了一面文學革新運動的旗幟。他們的成就不僅是文學成果，也是思想成果，對以後幾百年的歷史乃至五四文化運動都產生了積極的影響。三袁之中，袁宏道是主將。其文學理論主張「學其意，不必泥其字句也」（袁宗道《論文》）。該派提出了著名的「性靈」說。所謂「性靈」，就是强調自由地抒寫自己的眞情實感和獨創見解，强調自然天眞。該派的詩文大都是山水遊記、師友贈答、抒發個人感慨之作。公安派在掃除「前後七子」的擬古文風上是有功績的。尤其是在散文創作方面，促進了文體的解放，使散文的表現領域和方式均有所發展。對於儒家正統思想給予文學的束縛，他們也進行衝擊，促進了作家的思想解放。公安派全然反對模擬，他們吸收了李卓吾的文學觀念，並融合了唐順之的「本色論」，以清新天眞的文字「獨抒性靈，不拘格套」，將之表現在小品文的寫作上，則是充滿了率直純眞的特色，即使是嘻笑怒罵，也皆成文章。袁宏道的小品文總是能把他所觀察到的人事物，用具體有趣的文字表達出來，這和我們常讀到的一些談論有關家國人生大道理的散文相比，簡直是大異其趣。由於袁氏兄弟在文章創作上的才氣與努力，使得許多文人士子也開始學習他們作文章的方法，而形成「公安體」。

〈晚遊六橋待月記〉正是袁宏道極具代表性的文章之一，袁宏道的美學思想核心是「獨抒性靈，不拘格套」，這篇遊記即體現了這一思想，作者獨賞西湖春之「月景」與「朝煙」、「夕嵐」，和一般只會在「午未申」三時遊春的俗士不同，而且作者捨去賞梅的機會，反而對桃花戀戀不捨，也和傳統的士大夫相異，這都是他「獨抒性靈」之處，而文中西湖春月本是主角，反而在文中只有寥寥數筆，點到為止，反而對西湖的桃花和「羅紈之盛」多費筆墨，正是他「不拘格套」之處，所以由〈晚遊六橋待月記〉中就可以體認公安派的文學思想。

胡適的〈夢與詩〉：這是一首說理詩，胡適想表達的是作詩要有自己的經驗為底子，不應盲從或模仿別人。第二段便是本詩論述的重點：「都是平常情感，都是平常言語，偶然碰著個詩人，變幻出多少新奇詩句！」，日常累積的「平常情感」、「平常言語」，經過藝術的處理，才能完成一首詩的創作。而「你不能做我的詩，正如我不能做你的夢！」更是強調經驗的重要，經驗是有個別性、差異性的，可見胡適反求諸己，積極創造的詩觀。

四、軍事背景

中國歷代的戰爭中，有人創造了豐功偉業，也有人家破人亡，妻離子散，這往往也是寫作的最佳題材，如《左傳》中的〈燭之武退秦師〉、司馬遷《史記》中的〈鴻門宴〉、丘遲的〈與陳伯之書〉及羅貫中的〈草船借箭〉皆有明顯的軍事背景。

〈燭之武退秦師〉：「燭之武退秦師」一事是發生於春秋魯僖公三十年，秦晉合兵圍攻鄭國，鄭國大夫燭之武應鄭文公之請，前往遊說秦穆公，終於化解了鄭國的危機。《春秋》原文只有六字：「晋人秦人圍鄭」，《左傳》則詳敘事件本末：晋國攻鄭的原因是，一是魯僖公二十二年時，重耳流亡到晉國。二是晉楚城濮之戰前，鄭國曾準備協助楚國對晉作戰。這些都只是晉鄭二國的夙怨，與秦國無關，秦國只是依晉侯之請而來。次段寫鄭國內部的因應。第三段則爲全文重點，表現燭之武有勇有謀，能言善辯的形象。四、五兩段式故事的尾聲，寫秦穆公被燭之武所說服，與鄭國定盟，並派人爲鄭戍守。文中寓褒貶於對話，正面描寫燭之武之智，反面則是批評鄭文公之不能用人。同時對晉文公這位霸主善於權衡利弊，自我克制，撤出鄭國，也是加以肯定的。

司馬遷的〈鴻門宴〉：秦末自陳勝、吳廣揭竿而起後，羣雄紛紛響應，並起倒秦，其中以項羽、劉邦等所擁立的楚懷王勢力最大。西元前二〇八年，懷王遣項、劉分道伐秦，並約定「先入定關中者王之」。結果項羽於鉅鹿一戰殲滅秦軍二十萬，而劉邦自武關入秦，用張良的計策，採取了符合民意的策略，招攬降秦官員，迂迴前進，避免攻堅，結果最先順利進入關中。迫於形勢，子嬰殺趙高，投降劉邦，秦朝於西元前二〇六年滅亡。劉邦入咸陽後，申明軍紀，廢除秦的嚴刑苛政，『與父老約法三章耳，殺人者死，傷人及盜抵罪。餘悉去秦法』，於是『秦人大喜，爭持牛羊酒食獻饗軍士』（《史記・高祖本紀》）。項羽在消滅秦軍主力之後，聞劉邦已破咸陽，遂亦迅即率兵入函谷關，與劉軍相對峙，『當是時，項羽兵四十萬，在新豐源門（今陝西臨潼東北）。沛公兵十萬，在霸上』（《史記・項羽本紀》）。在兩軍隊峙時，發生了「鴻門宴」事件，項羽預備謀殺劉邦，此事關係項羽的成敗極大，最後項羽因婦人之仁，而功敗垂成。〈鴻門宴〉寫宴會之中殺機重重及緊張的情勢，成功的塑造人物，生靈活現地呈現在讀者面前。

丘遲的〈與陳伯之書〉：陳伯之是一個草莽起家的亂世英雄，他原本在齊朝任江州刺史都督前鋒諸軍事，駐守潯陽，據以抗梁（武帝蕭衍），武帝蕭衍逼降時，他猶疑不決，直至大軍壓境，他才殺了新蔡泰守席謙，而束甲請罪，然而他擔任蕭衍的江州刺史不到一年，又因自疑而投奔北魏。這封書信寫於梁武帝天監五年三月，陳伯之在二月時打敗南方名將昌義之而威震江淮，三月則有北魏咸陽王元禧的兒子元翼及其他兩個貴胄投奔梁朝，這時雙方情勢有些微妙的變化。丘遲在〈與陳伯之書〉中透過敏銳的時事分析和透徹的說理，解除了陳伯之的自疑之心，說服了陳伯之，於是又帶領了八千叛軍來歸。

司馬光的〈赤壁之戰〉：東漢末年，漢靈帝採納宗室劉焉的建議，改州刺史爲州牧，授以軍政大權，以對付民變。經董卓之亂後，州牧郡守割據稱雄，互相攻伐，逐漸形成幾股較大的勢力，其中以袁紹及曹操最爲强大。建安五年，袁紹及曹操戰於官渡，乘其驕傲輕敵，內部出現不和，大破袁軍主力，結果統一北方。建安十三年，他再率兵南下，欲取荊州，江東等地區，以消滅劉備，孫權等勢力。孫權爲保父兄遺業，不甘爲人控制，亦有奪取荊州，擴張勢力之意，所以在魯肅，周瑜和諸葛亮的力勸下，決定聯合劉備與曹操對抗。建安十三年，曹操揮軍南下，荊州州牧劉表病逝，其子劉琮不戰而降，劉備原依附於劉表，此時乃退至夏口，並派諸葛亮說服孫權與之共抗曹軍。曹軍長途跋涉從北方遠道南下，士氣下跌，而且不善水戰，聯軍遂以火攻破敵，擊敗其水師，隨即水陸並進，乘勝追擊，曹操被迫領殘兵狼狽返北。

司馬光〈赤壁之戰〉之重點不在寫戰爭的過程，反而著墨於戰前的吳蜀的決策過程，反應戰爭的勝負不在兵將的多寡，而在知己知彼與決策的成功。

羅貫中的〈草船借箭〉：出自於《三國演義》中，寫赤壁之戰因周瑜忌賢，設計陷害孔明，要孔明十日內造箭十萬，孔明從容不迫，以草船向曹操行詐，騙得十萬餘支箭。故事雖精彩，卻悖離史實。三國時代，眞正「借箭」的人是孫權，時間在赤壁之戰後，且與赤壁這個地點無關。那是建安十八年，曹操起兵主進攻東吳，正在兩軍隔江相持之際，曹軍南征，攻勢受阻。孫權爲了探察曹操水軍的部署及虛實，冒險乘大船察看曹軍水寨，不幸被發現。據《三國志．吳主傳》引《魏略》說：「權乘大船來觀軍，（曹）公使弓弩亂發，箭著其船，船偏重將覆，權因回船，復以一面受箭，箭均船平，乃還。」孫權起初料不到會中了這許多箭，船即將要傾側，他於是急中生智，設法令船得到平衡。孫權雖然借箭，卻未和「草」發生任何關係。

眞正運用「草」來借箭，進而脫困的，是安史之亂時，死守睢陽城的唐朝人張巡。當時睢陽城裡的箭用完了。圍城未解，張巡苦思，心生一計，當下派人用稻草紮成一千多束草人，並且穿上黑衣服。入夜後，張巡下令用繩子綁著千餘把稻草人，沿著城牆垂下。敵軍發現有動靜，以爲張巡派出敢死隊出城襲擊，頓時萬箭齊發。直至敵軍察覺眞相，停止射擊。

羅貫中將這兩段史實移植到諸葛亮身上，經過加工敷演，成爲「草船借箭」的故事，其主旨乃是在於凸顯孔明之智。

五、其他

一個作者的作品內涵，當然不只是單純的一種因素，有時是政治社會交互多重因素影響，或者與當時的思想潮流都有關聯，我們將之歸爲其他類。

酈道元的《水經江水注》：《水經江水注》其產生與當時的政治社會和思想背景都有莫大關係。南北朝時，由於政治的黑暗和社會的混亂，於是使人們對於現世感到厭惡，對於自然界感到嚮往，因此避世隱居之風與對山水田園的依戀，逐漸出現在文學作品之中，形成山水文學的興盛，「到了酈道元《水經注》散勝於駢，文字清絕，爲當代山水文學的傑作。」（見《中國文學發展史・南北朝的文學趨勢》）。《水經注》的完成，有其特殊的學術背景，因爲中國古代的地理學，由《山海經》、《穆天子傳》到《尚書・禹貢》，都是有虛有實的虛構地理學，對後代地理學產生不小的影響，酈道元反對這樣的虛構學派，主張具體實踐。而且酈道元也批評《尚書・禹貢》、《周禮・職方》過於簡略，《漢書・地理志》、《水經》的簡單羅列，認爲應該有「旁通」，能綜合各個地理要素。爲了達成他的主張，他一方面大量蒐集資料，一方面勤作野外考察，內容豐富詳實，已然超出《水經》的範疇，成爲一本描寫我國古代雄奇山水的文學創作了。

在魏晉南北朝動亂的時代中，不只是一般人民，連士大夫也覺得生命毫無保障：自漢末至魏晉，有名的文人，孔融、禰衡、嵇康、潘岳、陸機、陸雲，都因不同的政治原因而被統治者所殺。加上此時儒學式微，許多文士便以老子、莊子的避世哲學作爲精神安慰。他們不談政治，專論玄學，便形成「清談玄學」的風氣。由於文士崇尚「清談」，他們精妙的旨論、奇特的行爲，被人記錄下來，作爲欣賞和模仿的對象，於是便逐漸形成爲別具風格的軼事小說。總括來說，魏晉南北朝小說，一方面繼承古代的神話傳說、寓言故事、史傳作品等文學遺產，另一方面又受到社會政治、宗教信仰、清談風氣等現實因素影響，於是便得以蓬勃發展了。志人小說是專門採輯名士言行、軼事遺聞的小說，在眞人眞事的基礎上選取生活片斷來表現歷史人物的性格風采，如三國時魏人邯鄲淳的《笑林》、東晉裴啓的《語林》、郭澄之的《郭子》、南朝宋劉義慶的《世說新語》、梁代沈約的《俗說》等，其中又以《世說新語》一書的文學成就最高。劉義慶（西元四〇三～四四四年），南朝彭城（今江蘇省徐州市）人，劉宋宗室，襲封臨川王。爲人恬淡寡欲，雅好文史，不少文人名士聚集在他門下。著有《幽明錄》、《宣驗記》等，但已散佚，現只存《世說新語》一書，完整流傳於世。《世說新語》依內容分爲德行、言語、政事、文學等三十六門。每門收若干則名人軼事，全書共一千多則故事。記述東漢末年至兩晉時期士人的生活和思想，也反映了當時的社會風貌。

〈支公好鶴〉：支遁本是北方僧人，唯恐南人不重其學說，而當爲笑談之資，於是藉愛鶴一事以明志，先是對鶴採用「鎩其翮」的占有方式，後來卻採用「養令翮成，至使飛去」的成全方式，正是將心比心。

〈坦腹東床〉，記敍王羲之爲人坦率，不慕榮利的品格。晉代太傅郗鑒欲與王氏家族聯姻，派了門生去擇婿。王導讓來人到東廂下逐一觀察，王氏的諸少年個個神態矜持，只有王羲之在東床上坦胸露腹地吃東西。郗鑒聽了，就以他爲婿。從這則逸事上看，王羲之從年少起就具有曠達的性格，不被世俗的禮法、虛榮所侵蝕。也許這就是他的書法雄渾開闊，具有自由氣象、瀟灑神態的原因之一罷。

〈詠絮之才〉：選自〈言語〉篇，表現謝道蘊文采之高。

〈王子猷居山陰〉：以王徽之的行事，刻畫其生活品味及隨性的風格，在大雪中品酒賞雪，吟著〈招隱詩〉，何等悠閒！不禁想起同樣不與世俗同流合汚的戴逵，就乘興而往，到了戴家門口，又改變心意，於是「興盡而返」，表現王徽之隨性的行事風格。

〈管寧割席〉：藉兩件小事刻畫管寧的品格，管寧和華歆本「揮鋤與瓦石不異」，華歆卻「捉而擲去之」，可見不免動心。而象徵高官厚祿的「乘軒者」經過時，管寧「讀如故」，華歆卻「廢書出看」，雖是兩件小事，但管寧看在心裡，知道華歆欽羨名利，和他是富貴如浮雲的心志不同，所以與他割席絕交。

〈絕妙好辭〉：藉曹操與楊修領悟的快慢，凸顯楊修的聰敏。

〈殷仲堪儉食〉：寫殷仲堪任荊州刺使時的儉食狀況，當時正有水患，殷仲堪沒有多餘葷菜，連掉落盤席間的飯粒還撿起吃下。表現殷仲堪能不忘本，居高位還能保有平日樸素本色的德行。

《戰國策》的〈馮諼客孟嘗君〉：《戰國策》是屬於戰國時代特殊政治社會風氣下的產物。在三家分晉以後的戰國，禮樂隳壞，周朝王室完全失去了領導地位。各國競相爭霸，明爭暗鬥，操弄權謀。在這樣動盪的亂世中，於是出現了謀略縱橫家，他們精於外交策略，懂得揣摩人性心理，擅用靈活的外交手腕，或解除危機，或掌握權勢，馳騁於戰國舞台。《戰國策》的主要內容，是記載縱橫家的游說之辭和權變故事。《戰國策》形成於戰國末年，西漢時經劉向整理編定，主要彙集戰國時期各國游說之士的策謀言論，也記載了當時的各國關係和重要史實。《戰國策》揭示了戰國時期的歷史特點：「上無天子，下無方伯，力功爭強，勝者爲右。兵革不休，詐僞並起。……故孟子、孫卿儒術之士棄捐于世，而游說權謀之徒見貴于俗」。《戰國策》是一部彙編而成的書，非出於一人一手，也非出於一時一地。此書表現縱橫家游說之術。《戰國策》打破了「編年」的限制，以人物的游說活動爲中心，統率記言和事。

所寫的人物，非常廣泛，各具風姿，活靈活現。

〈馮諼客孟嘗君〉有著戰國時特殊的政治背景，當時因爲各國爭强，需大量的人才，養士之風大起，尤其最著名的是戰國四公子：平原君趙勝、信陵君魏無忌、春申君黃歇和孟嘗君田文，本文中的事件即發生在孟嘗君田文門下，當時孟嘗君在齊國雖位高權重，已遭受齊王的猜忌，重重的危機，自己卻仍沉於權勢聲名財利中而不自知，不懂得拊愛薛地子民，爲自己留個後路。馮諼則以他犀利的洞察力，洞悉他主人不足之處，而爲他深謀遠慮，不但爲他燒債市義，更幫助他重回相位，最後立宗廟於薛，使「孟嘗君爲相數十年，無纖介之禍」。孟嘗君能在詭譎多變的齊國政壇中，保持不敗之地，可以說是馮諼之功。

第二節　辭章創作與個人際遇

一篇文章的創作常常是爲了抒發個人內心的情感，而個人的情感常常是與他的個人生活背景和遭遇有關，司馬遷在《史記．太史公自序》中說：「夫《詩》、《書》隱約者，欲遂其志之思也。昔西伯居羑里，演《周易》；孔子絕於陳、蔡作《春秋》；屈原放逐，著《離騷》；左丘明失明，厥有《國語》；孫子臏腳，而論兵法……大抵聖賢發憤之所爲作也。此人皆意有所鬱結，不得通其道也，追述往事，思來者。」說明了個人不凡遭遇往往激勵作者發憤著述，而個人遭遇也會影響作者及其作品。另外個人感情生活，及作者的個性及生命情調，也會影響文章的創作旨趣。

一、個人的特殊遭遇

個人的特殊遭遇中，最常見的題材是仕途的不順所引發的愁苦，以及對家國、鄉土之愛。以下依仕途不順和家國之思分別討論。

㈠仕途不順

「學而優則仕」，是中國知識分子的理想和責任，但在從政的歷程中，卻往往不免遭遇困挫，如：柳宗元的〈始得西山宴遊記〉和〈鈷鉧潭西小丘記〉、白居易的〈與元微之書〉、王禹偁的〈黃州新建小竹樓記〉、范仲淹的〈岳陽樓記〉、歐陽脩的〈醉翁亭記〉、蘇軾的〈赤壁賦〉及蘇轍的〈黃州快哉亭記〉，都是作於作者於政治失意時的文章，或自我排遣，或寬慰朋友，有的則是展現在逆境中積極昂揚的心志。

柳宗元〈始得西山宴遊記〉和〈鈷鉧潭西小丘記〉：〈始得西山宴遊記〉和〈鈷鉧潭西小丘記〉都是作於永貞政變之後第四年，也就是柳宗元流放於永州之後的第四年，是同個時期的作品，兩篇作品的創作時間相隔八天。唐政府經過安史之亂的蹂躪後，元氣大傷，弊病叢生，柳宗元進入仕途之後，一心以發揚聖道爲己任。於是他激濁揚清，力圖改革，鏟除異己，不遺餘力，想要肅清當時汚煙瘴氣的朝廷風氣。無奈天不從人願，保守黨勢力不斷反撲，在保守勢力再度抬頭之後，不但革除新黨領袖王叔文等人，並流放柳宗元，劉禹錫等八人，至偏遠地方擔任司馬。柳宗元被貶永州，而永州地處偏荒，氣候潮濕，蠻人蠻語溝通不便，以前中央的勢力被連根拔除，昔日的政治理想完全破滅，其心情困頓抑鬱不言而喩。〈始得西山宴遊記〉是寫他落寞的靈魂，寄情於山水之中，一方面表達始得西山時心境上的開悟，進一步則以西山自比，肯定自我價值。而〈鈷鉧潭西小丘記〉是借丘寫人，地處偏遠的小丘如今有人欣賞它，而遠謫蠻荒的柳宗元卻有誰來欣賞他、認識他、重用他呢？這是藉小丘而自我傷悼。

白居易的〈與元微之書〉：元和十年，宰相武元衡遭平盧節度使李師道遣人刺殺身亡，白居易時任職東宮贊善大夫（即太子的侍讀官），仍僭職上疏「急請捕賊，以雪國恥」，當朝疾惡其僭越言事，將他貶至江州，擔任「司馬」的閒散職務。從元和十年到元和十三年，白居易就度過了四年黯淡的江州歲月。白居易被貶到江州後，由於仕途遭挫，理想受到打擊，昔日創作諷諭詩的心志乃漸行銷頽，消極避世的閒適意識遂漸行滋長。白元二人於貞元十八年「書判拔萃科」同榜及第，之後在宦途上同遭浮沈，且在文學上又同倡新樂府，二人時相唱和，交情匪淺。白居易被貶江州司馬時，元稹聽到這個消息，反應是「垂死病中驚坐起」，他的關切與憂慮可想而知，所以白居易寫了一封書信，詳述「三泰」來安慰朋友，同時也是無奈中的自我排解，這就是著名的〈與元微之書〉。從這封書信中，我們一方面可以感受到白元兩人眞摯的友誼，一方面也可以學得中國知識分子遭遇困厄時的自處之道。

范仲淹的〈岳陽樓記〉：宋仁宗慶曆六年九月十五日，當時范仲淹因政治改革的理念與當道不合，被貶爲鄧州知州。而滕子京則因遭受御使梁堅誣劾私用公款，先貶知虢州，又改徙岳州。滕子京是個頗有才幹的官員，一年治理，岳州已是「政通人和，百廢具興」，於是重修岳陽樓，但滕子京於重修岳陽樓後，悲憂之嘆仍未稍減，於是范仲淹藉爲岳陽樓作記的機會以相互激勵。文中牽引出「不以物喜，不以己悲」兩種情境，要知識分子能不以個人遭遇而改變初衷，末了以「先天下之憂而憂，後天下之樂而樂」的抱負做爲全文之總結。充分表現了知識分子憂時傷懷，和以天下爲己任的精神。

歐陽修的〈醉翁亭記〉：慶曆五年（西元一〇四五年），歐陽脩被貶爲滁州知州，這使他一度處於苦悶之中。他在滁州，一方面實行「寬簡政治」，一方面乘公務之暇，常常率衆出遊，從山水中去尋求精神上的慰藉。寫於慶曆六年的〈醉翁亭記〉，便是在這種情況下產生的。作者通過對優美山水與宴遊之樂的描寫，含蓄委婉地表現了貶官後以順處逆的心境，並側面反映了自己在滁州的治績，抒發了與民同樂的政治理想。

蘇軾的〈赤壁賦〉：熙寧二年，宋神宗採納王安石的變法主張，開始變法，蘇軾對新法有相當多的批評，引起了變法派對他的不滿，誣蔑蘇軾扶父喪返蜀時販私鹽。蘇軾於是請求離開朝廷，出任地方官。蘇軾在各地興修水利，救濟災民，深受百姓愛戴。對於新法，他推行於民有利的部分；但更多的則是「託事以諷」，刺痛了許多靠投機新法起家的人，他們羣起彈劾蘇軾，於是蘇軾被捕入獄，也就是有名的「烏臺詩案」。蘇軾八月入柏臺，獄中監禁百餘日，瀕臨死地，十二月獲釋，責爲黃州團練副使。蘇軾經過這次的打擊，當然有些時日陷於憂懼消沈，但蘇軾生性瀟灑曠放，很快就從驚惶憂苦中走出，不再計較個人得失，反而是以瀟灑自然、恬淡自適的態度面對。就在黃州時期，蘇軾作了前後兩篇〈赤壁賦〉，課本中所選爲前〈赤壁賦〉，文中借主客之間的問答，客人的觀點反映了蘇軾日常的感受和苦惱，主人蘇子則抒發他俯察人與宇宙間的哲理體悟，表達唯有體悟宇宙道理，才能超脫無謂煩惱，得到安適自得的文章主旨，藉此開釋自己貶謫的失意。

蘇轍的〈黃州快哉亭記〉：北宋神宗因見朝廷積弊，有心革新政治，於是重用王安石。王安石變法時，曾徵求蘇轍對「青苗法」的意見，蘇轍表示反對意見。但王安石仍不顧一切的實行，蘇轍上書反對，因此得罪王安石。元豐二年，蘇軾因「烏臺詩案」入獄，蘇轍上書請以自己的官職爲兄贖罪，神宗不但不許，反而將他貶到筠州。蘇軾在「烏臺詩案」後被貶爲黃州團練副使，蘇轍則貶官爲筠州監鹽酒稅，經常來黃州探視蘇軾。當時張夢得也正貶官黃州，築亭於住宅之側，作爲公餘休憩之所，蘇軾因此亭能覽江山之勝，取名「快哉」亭，蘇轍爲之作〈黃州快哉亭記〉，文中緊扣蘇軾命名「快哉」二字下筆，闡述一般人大多爲個人得失而喜而憂，提出了更高一層次的憂樂觀：「士生於世，使其不自得，將何往而非病？使其中坦然，不以物傷性，將何適而非快」，一方面勉勵張夢得處江湖之遠卻能隨遇而安，同時也是自我勉勵。

(二)家國之思

故鄉和國家是每一個人賴以生根發展的根源，所以每一個人都會愛他的故鄉，尤其遠離他鄉的遊子，故鄉的一草一木，總是魂牽夢縈，時時掛心頭。如：林景熙的〈蜃說〉、余光中的〈聽聽那冷雨〉、〈白玉苦瓜〉、吳晟的〈蕃薯地圖〉、〈土〉、向陽的〈立場〉、陳芳明的〈深夜的嘉南平原〉；另外比較特別的是徐志摩的〈再別康橋〉，康橋雖不是徐志摩實質上的故鄉，但徐志摩卻將之視爲「精神依戀之鄉」，而對康橋充滿戀戀之情。

林景熙的〈蜃說〉：林景熙出生於南宋理宗純祐二年，度宗咸淳七年中進士，在宋亡後隱居不仕。他遭逢亡國之痛，忠憤之情發爲詩文，多寫亡國之痛，沈鬱悲涼，表達了南宋遺民思念故國的悲痛心情。作者撰寫〈蜃說〉時，元朝統治天下已有十二年，局勢擾攘不安，民不聊生。作者於文中除記蜃景之外，更感慨華屋丘墟、滄海桑田、歷史的代謝，其中亦暗含對宋王朝的追憶與嘆恨，也表達對元朝統治者的批判。

徐志摩的〈再別康橋〉：徐志摩雖非出生於康橋，但康橋卻對徐志摩有特殊的意義。徐志摩曾自稱康橋是他的「精神依戀之鄉」（註：「精神依戀之鄉」出自徐志摩民國十一年作的〈康橋再會罷〉）。徐志摩曾在康橋留學兩載，結交不少好朋友，並且令其人生觀和婚姻有重大改變，因此他在〈吸煙與文化〉一文中提到：「我在康橋的日子眞是享福，深怕這輩子再也得不到那樣甜蜜的機會了。」民國十七年，徐志摩重遊康橋，這首詩是他回國途中所寫，表現他對康橋景物的眷戀和離別的感傷。因爲是重遊，所以定題爲〈再別康橋〉。在徐志摩眼中，康橋美得像人間仙境一樣。康橋的楊柳，在夕陽餘暉下美得如新娘子；水潭就是天上彩背；星輝滿天的康橋，更令他愛得欲放聲歌唱。所以在詩中他說甘願作爲康橋河畔的水草，可見康橋就是他的「精神依戀之鄉」。最後，詩人故作灑脫，於是寫上「輕輕的來」和「悄悄的走」，但其實更流露出他的留戀。

余光中的〈聽聽那冷雨〉、〈白玉苦瓜〉：「鄉愁」是余光中文學創作反覆詠歎的重要主題。「鄉愁」在余光中的詩及散文中占了相當的比例，最大的原因是，因爲他在大二讀完就離開大陸，直到四十年後才重回大陸。純粹的鄉愁，如果再加上政治的隔離就更重了，因有許多的矛盾衝突在裡面。個人的鄉愁再加上國恨的鄉愁，小我與大我的糾葛提供了很多的寫作題材。最早的鄉愁是懷念二十二歲以前的朋友、舊時光；後來去了美國，就加上了懷念台灣；到了香港，鄉愁也包括台灣，回到台灣，鄉愁又包括香港。那份離散之愁，於詩人一生都是刻骨銘心的創痛。對故土濃濃的思緒，塡滿了余光中的詩行散文。〈聽聽那冷雨〉藉「冷雨」襯託出故國之思，綿綿春雨將大陸和台灣兩塊土地牽繫在一起，但作者是惆悵的，因爲他日思夜想的中國已不存在，文中對每一個句子的經營，句子像詩一樣，富有音樂性，鏗鏘有力，結構也是精心鋪陳的，是一篇詩化的散文。《白玉苦瓜》是是余氏最具代表性的詩集之一，也非常重要的指標，「鄉愁」是個很重要的意象，本詩集是今日民歌流行的緣起。〈白玉苦瓜〉一詩懷古詠史，呈現民族的記憶，突顯强烈的歷史感。縱的歷史感、橫的地域感，及縱橫交錯的現實感，都具體的表現在詩中。

吳晟的〈蕃薯地圖〉、〈土〉：吳晟是詩壇中唯一擁有「自耕農」身分的詩人。出生於農家的他，不因爲受過高等教育而摒棄他生長的農村。下田、教書、寫作，是吳晟缺一不可的生活。吳晟從小就生長在農村裡，眼耳所及的，盡是質樸的鄉土風情。因此，農村已經融爲他生命的一部分。他就讀於屏東農專時，在校所學的，正好繼續延伸他這方面獨特的人格特性。畢業後，他並沒有選擇前往都市發展，他感慨都市的步調快得讓他來不及接受及適應，所以他寧願回到鄉下繼續完成他的夢想。他有一個夢，就是用詩、用散文來記錄他所居住的農村這些年來的變化。〈蕃薯地圖〉蕃薯是台灣早期重要的雜糧，作者在本詩中以「蕃薯地圖」比喻台灣農村，描寫台灣農民辛苦耕作，凸顯台灣農民善良勤懇的特質，並且提醒大家不可忘了農民的辛苦。〈土〉一詩也是同樣表現土生土長、勤樸耕種的小人物的生活態度，在詩中可以看出農民與土地互相依存的關係。吳晟的作品，都是實際生活體驗，長期的農村生活，讓他的詩充滿了泥土味，他的紙筆之間湧動的不是一日數變的浪潮或風花雪月的喟嘆，而是紮實的、從人羣從大地來的香氣。

向陽的〈立場〉：這首詩取材自八〇年代台灣社會存在的黨內、黨外政治認同衝突，作者試圖用明朗的生活語言，詮釋「人類雙腳所踏，都是故鄉」的主旨。飛鳥因爲沒有「立場」的侷限，因而擁有寬闊天空，任其翱翔；人們則常泥於路線爭執，鄰人頓成寇讎，反而忘了珍惜彼此同在一塊土地之上的命運。意識型態和政治立場儘管有左右之分，回到人的立場則必須相互包容尊重，我們呼吸一樣的空氣，站在同一塊土地，擁有相同的命運與悲喜。只要我們認同雙腳所踏的土地，就擁有可以歸屬的故鄉，與我們同在這塊土地的人就是親人，立場和路線相異，無礙姊妹兄弟情誼，不必以狹義的故鄉自限。如此整個地球，是我故鄉，四海之內，皆我兄弟，國界、種族、血統、膚色乃至思想間的差異，也就不重要了。

陳芳明的〈深夜的嘉南平原〉：本文選自《受傷的蘆葦》，以陳嘉農的筆名，發表於民國七十二年六月二十四日的《自立晚報》。陳芳明曾被列入海外黑名單，滯留海外，有家歸不得，這樣的時空之下，更滋養出陳芳明對故鄉執著而眞摯的情感，〈深夜的嘉南平原〉就是抒發一個遠在他鄉的台灣子民對台灣的愛，文章最後虔誠的許下只要能再回到台灣，便不再分離的諾言。

㈢其他

其他無法歸於以上兩類者，如蕭蕭的〈穿內褲的旗手〉是寫他童年的回憶和求學的生涯，錢公輔的〈義田記〉則是將范仲淹設置義田記的經過和辦法加以記錄，而將范仲淹義行加以流傳。

蕭蕭的〈穿內褲的旗手〉：〈穿內褲的旗手〉選自《來時路》散文集，是作者於民國七十年時的作品。作者出身於貧困的農村，但他並不以此爲恥，反而滿懷感激和懷念童年的種種，將童年的回憶和求學的生涯，寫成《來時路》一書。穿內褲是當時鄉下孩子的制服，也是貧苦生活的表徵，作者雖只穿著內褲，但因身爲旗手，給他昂揚的自信，不再是一個「體弱多病，沒交補習費」「卑怯、畏縮」的孩子。文中也對能體諒他的師長表示感念之情，最後則寫今日富裕的生活，做一對比。要讀者體認貧窮並不可恥，只要能感恩知足，必定活的有尊嚴，有希望！

錢公輔的〈義田記〉：范仲淹是北宋名臣，爲官頗有治績，他治家嚴謹，十分儉樸，平時居家不吃兩樣葷菜，妻子兒女的衣食只求溫飽，一直到晚年，都沒建造一座像樣的宅第，在死後入殮時，連件新衣服都沒有。然而他喜歡將自己的錢財送給別人，待人親熱敦厚，樂於替人家辦好事，當時的賢士，很多是在他的指導和薦拔下成長起來的。尤其以多年積蓄創設義田，供應「親而貧」和「疏而賢」的人，范仲淹的行動和思想，贏得身前幾代人的敬仰。錢公輔的〈義田記〉特別將范仲淹設置義田的經過和辦法加以記錄，成爲歷代仁人志士的學習楷模。

二、親情、愛情

課本中的選文對於親情、愛情描寫的部分相當多，一來是因爲人自出生至死與家庭之間的關係密切，所以常被選爲寫作的題材，二來因爲國文課本負有涵養教化的使命，所以在這方面的選文自然容易受到青睞。

(一)親情

國文課本中選以以家庭親情爲主題者非常多。

李密的〈陳情表〉：李密，父早死，母何氏改嫁，由祖母劉氏撫養。少時師事譙周，通《春秋左氏傳》，以文學見稱。在蜀漢做官，任尚書郎，曾數次出使東吳，極有才辯，爲吳人所稱讚。蜀亡後，多次徵召，他以祖母年老多病，無人奉養，遂上書陳情，辭不赴召，是爲《陳情表》，主旨在於表達孝思，盼望武帝成全。後武帝果然受到感動，免於徵召。待李密祖母死，密才出仕晉朝。其文唯存《陳情表》一篇，詞意委婉懇切，全篇感情眞實，不事矯飾，自然流暢，富有感染力，是西晉散文中的優秀之作。

韓愈〈祭十二郎文〉：韓愈的父親共有四子，韓愈最小。大哥韓會無子，以二哥次子老成（十二郎）爲嗣子，韓愈出生一個多月，母親去世，三歲時父親又過世，由長兄韓會及長嫂鄭夫人撫養，所以韓愈與十二郎從小相依，情同兄弟。韓會在韓愈十二歲時病死在韶州刺史任上，鄭夫人含辛茹苦的撫養兩個孩子長大。韓愈十九歲方別兄嫂與老成到長安，然後與老成聚少離多，雖老成曾有帶妻子兒女和韓愈同住的計畫，但因時局多變，及韓愈職務的變化，多次相約，皆未成行，時空的阻隔加深了韓愈對侄兒的懷念，突然接到十二郎的死訊，心中的悲痛難抑，所以寫下這篇祭文，表達對十二郎的深切悼念。清林雲銘的《古文析義》分析韓愈〈祭十二郎文〉說：

蓋以其一身承世代之單傳，可哀一。年少且強而早世，可哀二。子女俱幼，無以為自立計，可哀三。就死者論之，已不堪道如此。而韓公以不料其死而遽死，可哀四。相依日久，以求祿遠離，不能送終，可哀五。報者年月不符，不知是何病亡，何日歿，可哀六。在祭者處此，更難為情矣。故自首至尾，句句以自己插入伴講，始相依、繼相離，瑣瑣敘出。復以己衰當死，少而強者不當死，作一疑一信之波瀾，然後以不知何病，不知何日，慨歎一番，末歸罪於己，不當求祿遠離，而以嫁子女作結，

> 安死者之心，亦把自家子女，平平敘入。總見自生至死，無不一體關情，悱惻無極，所以為絕世奇文。

這一番分析相當深入，尤其對這篇文章的背景，一一條分清楚。

歸有光的〈項脊軒志〉：歸有光一生考運不濟，到六十歲才考上進士，又宦途多舛，家庭生活也多坎坷，生活圈也多限於故鄉，所以他的散文格局並不大，多寫日常生活瑣事，即事抒情，但淺中有深，淡而有味。〈項脊軒志〉從題目看似乎是一篇臺閣記，但他一反一般臺閣記，重在記人記事，將強烈的感情融會在記敘中，實際上是一篇人事雜記文。本文中，作者以百年老屋項脊軒變遷爲主線，將許多「可喜、可悲」的往事貫串其中，更寫入了對母親、祖母和亡妻的思念，全篇平易自然，眞摯感人。文中除了抒發對母親和祖母的孺慕之情外，更以蜀清和諸葛亮爲比，期許自己出人頭地。

袁枚的〈祭妹文〉：袁枚的妹妹袁機，出生未滿周歲便被父親許配給如皐高氏。長大後，未婚夫品行惡劣，雙方家長有意解除婚約，但袁機固守禮教，堅決完婚，婚後飽受虐待，後來訴請離婚，長齋奉母，年才四十，抑鬱而終。袁枚與袁機兄妹二人因爲情性相近，情感本來甚好，尤其袁機以一才女，卻所嫁非人，令疼愛他的哥哥心疼不已，而妹先兄死，死前卻又未能見面訣別，更使袁枚心中自責不已，祭文中寫盡他對妹妹的深情，更反映出無限的憾恨。

琦君的〈髻〉、〈媽媽的手〉、〈一對金手鐲〉：在琦君的懷舊文章中，出現最多的就是他摯愛的母親，琦君和她在農村中相依爲命十多年，他的母親是慈愛親切而樂善好施的人，琦君十分敬佩母親的人格，更在作品中投注了對母親的全部情感和愛，筆下的母親是個勤勞、節儉、忍讓、寬恕，具有傳統美德的溫柔女性，但這樣一個受人敬重的婦女，卻失去了丈夫對她的愛，因爲丈夫娶了一個雙十年華的姨娘，從此冷落了他半輩子。〈髻〉一文就是描寫母親婚姻上的不幸，但琦君文中並沒有恨，是因爲母親的寬厚影響她吧！而〈媽媽的手〉一文，由自己因操勞多皺的手，回想起母親那雙曾經爲全家操勞的手，和無怨的付出，當了媽媽之後才能體會媽媽當時的心情，也同樣願意爲全家付出自己。〈一對金手鐲〉中主要是寫他同年生的異姓姊妹阿月——阿月是琦君奶娘的女兒。一歲時，母親曾給兩個孩子一人一只金手鐲，因爲年紀小，沒什麼印象；七歲時，兩人再度相遇，家庭環境的不同已造成兩人之間的差異，母親又從琦君手上脫下金手鐲，給兩個孩子一人一只，串起兩人的情感；十八歲時，兩人再度重逢，兩個人在生活上有了更遙遠的距離，但琦君並沒有以官家小姐自居，仍以平等的地位相待。後來雖經戰亂，兩人離散，金手鐲也在不得以中剪斷賣掉，但物質的金手鐲雖不在，但心中的金手鐲卻聯繫了兩人的心。文中雖非以母親爲主角，但仍可以看見母親寬厚的一面。

林文月的〈替母親梳頭〉：〈替母親梳頭〉一文選自《遙遠》散文集，藉著在醫院中爲母親梳頭，而回想起童年往事，最愛看母親梳著豐饒的頭髮，當時母親青春健康，充滿旺盛的生命力，操持家務，付出所有心力。但老年的母親，頭髮稀疏，變得軟弱、依賴，這時母親與女兒的角色互換，女兒細心的照顧母親，寫出母慈女孝的親情。

黃春明的〈魚〉：黃春明是一個具有人道精神的小說家，作品多著重於刻畫台灣現實社會中一些低層人物的遭遇，他的短篇故事大多取材於他生於斯、長於斯的故鄉宜蘭。黃春明具有的特質是許多作家所忽視的。那就是黃春明特別強調了做爲一個人所必備那些基本條件，諸如保持個人尊嚴、贏得他人尊敬、堅毅不拔的精神、慷慨、博愛等，他筆下的人物生活在不利於他們表現這些美德的環境中，選擇了我們不太熟習的和我們不願接受的方式來表現出這些，也許我們感到這些小人物的行動有些滑稽，缺乏我們所理解的嚴肅性，因而減弱了我們所謂的悲劇性，但是黃春明的小人物的可愛就是因爲他們有自己獨特的表現方式，他們的詼諧幽默給予讀者印象之深，甚於銳意刻畫的「血淋淋的現實」。因爲黃春明是土生土長的作家，他徘徊於生活的曠野上，把他所見記錄下來，他沒有先接受一些理論或教條的束縛，也沒有把這些人物修剪得符合於某種要求。這些人物自然地生長在草木叢生的曠原中，他們的生長並不順利，自然置狂風暴雨、乾旱水、巨石沙礫於他們的路上，妨礙他們長得枝葉茂盛，幹軀粗大。他們無力抗拒這些巨大的壓力，故而選擇了那些適於他們生長的方式以求發展、求生存、求表現。在黃春明筆下，這些卑微的小人並不向向現實低頭，而是建立起自己的生活規範，〈魚〉一文事描寫一對祖孫在貧困生活中，仍堅强而有自尊的活著，而對祖孫間含蓄而强烈的情感有深刻的描寫。

楊牧的〈十一月的白芒花〉：這篇文章是楊牧作於五十一歲時的作品，母親病了，楊牧正心急的趕回故鄉，火車道旁的白芒花勾起了楊牧童年的一段記憶，幼時曾經和母親一起走在開滿白芒花的山路，卻遭受二次大戰時的盟軍以軍機掃射，母親立刻抱著作者躲入凹地，並且以自己的身體護衛兒子，這一幕深深的留在楊牧心底，以致於每次看到白芒花，潛意識就出現了母親的形象，因爲白芒花正是親情的見證，所以「十一月的白芒花」就是母愛的象徵。

蕭蕭的〈父王〉：這篇文章選自《來時路》一書，作者藉弟弟的一封來信談起，說弟弟的信中一直稱父親爲父王，並談起父親對他們的嚴格教育，說：「在我們『宮』中，父親眞的就是父王，從小我們都怕父親，老鼠看見貓那樣。」但在作者幽默的筆調中，我們可感受到作者對父親又敬又畏又愛的孺慕之情。

蘇紹連的〈七尺布〉：蘇紹連在長達三十年的創作過程中，不斷的嘗試新詩的不同形式，其中以散文詩的成就最大。蕭蕭於〈蘇紹連的生命主軸與藝術工程〉一文中說：「如果物的本名、物的本質，原就是怵人目、驚人心，則讀者心中有了警覺之心、戒惕之意，驚悚效果可能減弱。蘇紹連卻以凡常之物，趁人不備，達成驚悚效果。」說明蘇紹連善於應用平凡的事物，製造驚心效果的特色。〈七尺布〉選自蘇紹連《驚心散文詩》也是有這樣出乎意料外的效果。本詩爲一首兩段式的散文詩，詩共分爲兩段，但事實上通篇只是一個事件。第一段是現實世界的客觀敍事，寫母子間因買布造成的衝突。寫母親買布，「我」發現布只有七尺長，要八尺才夠，悔恨自己爲什麼不敢自己去買布，轉而向母親抗議布不夠長，母親回一句：「你長高了嗎」，「我」忍不住心虛，因爲既然長大了，爲何不敢自己去買布，但叛逆好强的情緒，使「我」一句話也不回答」，這樣的反應使母親感到挫折，於是「自覺地矮了下去」。第二段則轉入超現實的手法，寫母親裁布製衣，母親不按照孩子的意思換回八尺布，仍然固執的「按照舊尺碼」，畫我、剪我、縫我、補我，這裡把「布」、「我」兩者合一，這是別出心裁、無理而妙的寫法，母親在包容孩子的叛逆之後，仍繼續堅持自己的教養信念，母親「用剪刀慢慢地剪」，「我」「慢慢地哭」，但最後也接受母愛的畫、剪、縫、補，最後終於「成人」。這正是一般家長在教養孩子的成長過程中，最常遇到的情況，但在母愛的包容與堅持中孩子才能順利成長，整個衝突與成長在作者用心的經營下，成爲一篇動人的詩篇。

㈡愛情

堅貞的愛情向來是詩人文士最喜歡歌頌的題材之一，以愛情爲描寫內容的有：鍾理和〈貧賤夫妻〉談夫妻共患難之愛、余光中的〈等你在雨中〉表達等待約會的甜蜜、鄭愁予的〈錯誤〉表現思婦的苦苦等待及席慕蓉的〈一棵開花的樹〉所傳達的暗戀的折磨。

余光中的〈等你在雨中〉：余光中的詩最能融合中西詩風特色，有歐化的新穎，亦有我國傳統的深度與秀美。〈等你在雨中〉一詩選自《蓮的聯想》，富有中國古典詩情之美，是一首情意綿綿、聲情飽滿的詩，典麗婉約，古典文學中蓮的意念，透過時空聯繫，多有想像，展現成新詩的古典意境，立體刻畫出男子在雨中等待情人的心情。

鄭愁予的〈錯誤〉：這首詩的情節本事極爲單純。一個旅客騎馬經過江南某地，因爲浪漫的情懷，設想城中可能有思婦在等待歸人，寫她從寂靜到盼望，再由驚喜轉爲發現錯誤的失落。而旅客則抱歉地說明這指是個「美麗的錯誤」，因爲他只是個過客，不是歸人。全詩像一齣袖珍的短劇：先由降兩格的「詩序」開場，點明故事的主題，中間一段是情節的展開，其中有故事發生的地點：寂寞的城、青石的街道、窗扉春帷（閨中人住的閣樓）；時間：向晚；天候狀況：東風、三月；人物：我、你（閨中人）、跫音。這些都是構成故事發生的要素。詩中騎馬走江南的「我」是本詩的主動人物，藉著「我」透視了女子的內心世界，知道女子在寂寞漫長的日子中等待。歲月催人老，女子青春就此逝去。匆匆過客的「我」騎著馬來了，對她而言，這蹄聲是美麗的，因爲女子以爲是「歸人」；然而，「我」「不是歸人」而是個「過客」，這就是錯誤的所在了。女子由期待到希望落空，前後情景逆轉，形成了高度的戲劇性。

三、個人的生命情調

文以言志，所以作者常常藉文章抒發自己的生活理念，或者生活中的一些感觸，如李白的〈春夜宴從弟桃花園序〉寫對生命的看法，徐志摩的〈翡冷翠山居閒話〉則是寫對自然與生命的禮讚，朱光潛的〈我們對一棵古松的三種態度〉追求人生的美化。

李白的〈春夜宴從弟桃花園序〉：唐代文風是十分欣賞並追求魏晉曠放的名士風範，尤其李白「更是魏晉風度的推崇者和崇拜者……這些魏晉南朝詩人、名士的曠達思想、狂放的性格和飄逸的風度在李白的思想、性格和詩風上都留下明顯而深刻的烙印。」（見葛景春〈李白與中國傳統文化〉，二六七頁）李白這篇〈春夜宴從弟桃花園序〉就深受魏晉時曠放、及時行樂的思想所影響。本文主要抒寫「浮生若夢，爲歡幾何」的慨歎，也凸顯及時行樂的主旨。本文膾炙人口，除文字精美之外，另有一股特殊倜儻風流、蕭灑浪漫的氣韻，但文章中在蕭灑豪邁中卻有一股掩不住的悲愴憂鬱：人生苦短，「浮生若夢，爲歡幾何」！如果

「浮生若夢」是人生必然的限制，那麼「爲歡幾何」便是人生不得不然的無奈，所以必須「及時行樂」，文中充分顯露出李白的人格與風格。

徐志摩的〈翡冷翠山居閒話〉：崇拜自然、浪跡自然、歌頌自然一直都是徐志摩散文的重要主題。〈翡冷翠山居閒話〉是作者寫於山居義大利文化名城翡冷翠時的心境，以飄逸秀美之筆歌頌翡冷翠「自由」、「純眞」、「質樸」之美。在本文中，徐志摩以虔誠頂禮的心來關照景物，召喚讀者參與，文中流露出徐志摩愛好自由、喜歡質樸純眞的個性，更可以感受到他熱情的生命力。

朱光潛的〈我們對一棵古松的三種態度〉：朱光潛畢生提倡美學，不遺餘力，而其目的則在於追求人生的美化。〈我們對一棵古松的三種態度〉一文以「一棵古松」爲抽樣對象，分析人類觀物的三種態度，實用的態度偏重於對人的利害，科學的態度則偏重於是物間的相互關係，美感的態度中，注意力專在事物本身的形象。就實用來說，美是最沒有用處的，美感的世界，是超乎利害關係而獨立。但提倡美學，可以怡情養性，美化人生。要求人心淨化，必先要求人生美化。

四、抒發個人志節

李白的〈與韓荊州書〉、蘇轍〈上樞密韓太尉書〉都是在表現自己願爲國家貢獻所學的心願；豐子愷〈楊柳〉寫心目中的理想人格；葉慶炳〈我是一支粉筆〉、白荻〈雁〉，都是寫對理想的堅持。

李白的〈與韓荊州書〉：本文作於唐玄宗開元二十一年左右，這時李白漫遊湖南湖北一帶，廣事交遊，渴望獲得仕進機會，以施展抱負。唐朝承繼東漢以來品題人物及投刺的風氣，所以寫信給王公權貴以推介自己的情況相當常見。韓荊州，即韓朝宗，此時正任荊州大都督府長史兼襄州刺史、山南東道採訪處置使，是荊襄地區的高級行政長官。他樂於識拔後進，所以李白寫了這封自薦信給他，希望獲得援引。文中雖是要求韓朝宗引薦自己，文中卻仍重於稱述自己，表現出李白自負不凡的傲岸氣概，尤其第三段「而君侯何惜階前盈尺之地，不使白揚眉吐氣，激昂青雲耶！」更可見李白昂揚的志氣。

豐子愷的〈楊柳〉、〈漸〉：本文作於民國二十四年，是一篇詠物言志的文章。作者透過敏銳的觀察力，讚頌楊柳的實用可愛和堅韌的生命力，而且又有高而能下，高而不忘本的美德，而那些出牆的紅杏和參天的古木，「似乎忘記了下面的根」、「只管貪圖自己的光榮」。文中表現對理想人格的表態，同時也對世上忘恩負義、貪圖富貴的人，暗寓鄙棄。〈漸〉是《緣緣堂隨筆》的開卷首篇，文中談到「『漸』的本質是時間」，「『漸』的作用，就是用每步相差極微極緩的方法來隱蔽時間的過去與事物的變遷的痕跡，使人誤認其爲恆久不變。」生命的久暫，是文學家、一般人永遠探討不得其解的課題。唯有「大人格」、「大人生」的人，才能突破「漸」的迷惑，通觀時間和空間的全體。本文〈漸〉，題目新，內容有創意，可謂舊題材新見解。

白萩〈雁〉：〈雁〉一詩收於《天空象徵》中，這本詩集作品是作者作於二十八歲到三十二歲之間，詩中以「地平線」象徵可見不可及的理想，「廣大虛無」的「天空」象徵處境的困難，「冷冷的雲翳」則暗示不可知的兇險，雁不對生存的世界表示抗議，反而冷靜清醒的認知自己存在的時空中不可避免的悲劇，堅持自己的方向，仍然勇敢的飛行，「知其不可而爲之」，是何等壯烈！

葉慶炳的〈我是一支粉筆〉：作者是一位資深教授，寫作本文時，已有二十三年的教學經歷。文中以粉筆自喻，寫身爲教師，爲增長學生智能而不斷磨損自己，就像一支粉筆的筆灰絲絲飄落，而自己的生命「也在一絲一絲地飄落」，最後「不會爲自己留下什麼」，但作者文中也肯定「本來不需要爲自己留下什麼」，因爲只要上過課的學生能在求學做人上有些微的進境，即使自己一無所有，仍是非常値得的。

五、偶發

偶發是指不是蓄積已久所要表達的，而是因爲偶發事件提出自己的看法，或激發起自己的情感。如王羲之的〈蘭亭集序〉是王羲之與名士於蘭亭舉行祓禊的集會，王羲之做序說明當時盛況，並抒發個人感懷；王安石的〈遊褒禪山記〉則是一篇遊記，作者藉題發揮，藉遊華陽洞來闡述凡事當進志則無悔的道理；〈讀孟嘗君傳〉則是王安石對《史記．孟嘗君列傳》的讀後感；〈傷仲永〉是一篇因事抒感的短文；曾鞏的〈墨池記〉是臨川州學教授王盛請曾鞏爲「墨池」作記，曾鞏藉古人故跡來勉勵後學勤學苦讀，並更進一步能「深造道德」；劉鶚的〈明湖居聽書〉則寫作者聆賞王小玉說書的一場心靈饗宴。

王羲之的〈蘭亭集序〉：東晉穆帝永和九年（西元三五三年），王羲之與名士共四十一人，會聚於蘭亭舉行祓禊的活動，參加集會的人大多做了詩，王羲之因此做序說明當時盛況，反應當時文士的生活風貌，並抒發個人感懷。東漢末年以來，天災人禍弄得人心惶惶。在世局的飄搖中，流行老莊思想，以爲「莫壽於殤子，而彭祖爲夭折」（〈齊物論〉）的論調。文中批評「一生死」、「齊彭殤」爲「虛妄」、「妄作」，表達對生命的尊重，對生死的感受，抒發把握生命的人生觀。

王安石的〈遊褒禪山記〉：這篇文章是藉題發揮，藉遊華陽洞來闡述凡事當進志則無悔的道理，是一篇屬於遊記體的論說文。本文作於王安石三十四歲時，當時尚未展開他變法改革的事業，但由文中已隱隱可見他的心志胸襟。王安石在經學及史學方面功夫下得很深，遊記寫作時也表現出他認真的態度，考證嚴謹、敘述忠實，是以史學的角度來記遊，與一般即興小品的手法大有不同，這篇褒禪山遊記雖融敘事、寫景、抒情、論說爲一體，但卻巧妙如天成，絲毫看不出有勉强湊合的痕跡，正是王安石功力所在。

王安石的〈傷仲永〉：這篇文章作於宋仁宗慶曆三年，作者二十三歲時，方仲永是王安石鄰縣的神童，和王安石年紀差不多，好勝心强的王安石當然很關心方仲永的進步與否，十三歲到舅舅家，還出對子考方仲永，不禁甘拜下風，可惜方仲永這塊璞玉卻被短視近利的父親糟蹋了，讓王安石惋惜不已。王安石透過方仲永的故事，說明人的知識才能絕不能只依賴天賦，而必須注重後天的教育與學習。

王安石的〈讀孟嘗君傳〉：宋朝學風特別重視獨立思考，往往對前人的觀點有批判性的反省。本文是王安石對《史記·孟嘗君列傳》的讀後感，全文只有九十個字，重點在批駁傳統「孟嘗君能得士」的觀念，認爲孟嘗君招致食客並非愛才，只是好大喜功，自抬身價罷了！自然找不到眞正有理想有抱負的賢士，所能網羅的也只是一班雞鳴狗盜之徒。這篇文章短小犀利，顯現出王安石銳利的邏輯思辨能力和不向流俗低頭的氣魄。

曾鞏的〈墨池記〉：〈墨池記〉寫於宋仁宗慶曆八年九月，曾鞏已步入而立之年，卻仍未得到一官半職。根據《宋史》本傳和《曾南豐年譜》的記載，曾鞏十二歲能文，日試六論，援筆立就。此時的困挫加上生活的艱苦（必須撫養四弟九妹），心中難免有所感觸。此時臨川州學教授王盛請他爲「墨池」作記，曾鞏有意藉古人故跡來勉勵後學勤學苦讀，更進一步能「深造道德」，其中又何嘗不是以「仁人壯士」自勉呢？這篇文章絕非單純應酬之作，不但是作者肺腑之言的告白，也是曾翚孜孜苦學的生命情調展現。

劉鶚的《明湖居聽書》：劉鶚《明湖居聽書》一文，選自《老殘遊記》第二章，敘述在明湖居聽說大鼓書的精彩片段，旨在描寫王小玉的說書技巧已臻化境，給人留下深刻印象。作者不但化身爲文中的主人公，全程參與王小玉說書的場面，更寫自己觀察體會，還從其他觀衆的反應，側寫王小玉說書之妙。本文中連續使用七八種不同的譬喻，用鮮活的文字，使讀者領受無形象的音樂妙處。

陳之藩的《哲學家皇帝》：陳之藩到了美國，看見美國青年刻苦自立的精神，不禁聯想到希臘哲學家柏拉圖所著的《理想國》中所提到的「哲學家皇帝」，柏拉圖認爲，一個哲學家皇帝必須具備有超人的智慧與健全的體魄，必須是自立自强，不恃外力的，也必須要有人文的素養。陳之藩在文中讚佩美國青年的獨立，不依賴他人。但同時也感嘆他們仍缺少另一個成爲哲學家皇帝的重要條件，就是必須要有人文的素養，才能有雄偉的抱負與遠大的眼光和自己的主見。愛因斯坦說：「專家還不是訓練有素的狗。」所以，想要成爲一個哲學家皇帝，除了獨立外，還必須具備有人文的素養，才算健全。

結語

作者身處於時代的洪流中，眼前所見、耳中所聞必然影響到作者對文章的創作，不同的文學作品中看到不同的時代面貌，而在不同的時代背景也產生不同內容的文學作品。由上文的歸納分析中可見，由於中國知識分子憂國憂民的優良傳統，從孔孟的「治國平天下」，到北宋范仲淹的「先憂後樂」，以至明末清初顧炎武的「天下興亡，匹夫有責」，都始終把國家、民族、社會的命運放在人生的第一位，胸懷「舍我其誰」的大志。即使受到不公正的待遇，即使清苦一生，歷盡坎坷，仍然矢志不渝，無怨無悔。對於身處的大環境，以知識分子的良知，貢獻己力。

因爲强烈的責任感，於是在社會方面，有奮不顧身力挽時代的狂流；或利用寓言、小說加以辛辣地諷刺社會的黑暗面；有關心社會中的弱勢者，希望能喚起社會大衆的關心注意；更有對現代社會的變遷表示憂心。

在政治方面，傳統的中國知識分子，於專業知識之外，總是關心社會、涉身公務、心懷土地與人民，表現出中國知識份子的高遠器識。他們在當時的政治體制下，爲求經世濟民，不斷求新求變，以提出各種具體改革的方案：有針對當時的政治弊病提出諫言者；有對當時的政治問題提出委婉的諷諫者，有的則是表達自己的政治理念；甚至勇敢地對統治政權反動。

中國知識分子是十分可敬又可愛的，甚至在軍事上，知識分子也不缺席。史學家忠實地記錄戰爭始末，作爲後人借鏡；而哲學思想家，則在大時代中，各以其聰明才智，想爲人民開闢一條安身立命之道；文學家也在大時代的潮流中，帶動文學風潮。在此我們可以看見因爲大時代背景產生不同內容的文學作品，但都根由於中國知識分子强烈使命感。

至於個人的生命遭遇，往往也會影響辭章的內涵。「學而優則仕」是中國知識分子的理想和責任，但在從政的的歷程中，卻往往不免遭遇困挫，他們不能「達則兼善天下」時，就以「窮則獨善其身」自詡，於是在政治失意時，或是人生遭遇困境時，能自我排遣、寬慰朋友、甚至是展現於逆境中積極昂揚的心志。

故鄉和國家是每一個人賴以生根發展的根源，愛家愛鄉也是文人筆下常見的題材。而個人生命中的親情和愛情，也是文人常常歌頌的主題；自己的生活理念、生活感觸與個人志節，也都是寫作的最好題材。所以要深入瞭解文章深意，我們必須也對作者個人遭遇有相當認識才行。

我們研讀文章時，若能就作者的個人際遇與大時代背景進行瞭解，透過這些外圍條件，就更能深入文章的核心，掌握意旨。希望能藉以上的歸納與分析，幫助同學在學習課文時，能夠對作者個人背景與大時代背景對文章的內涵產生的影響有更深入的認識，藉此掌握文章的眞正義旨，體會作者創作的心境，進一步達到尚友古人，發揮陶冶性情、培養氣質之效。除此之外，也希望藉此引導同學觸類旁通，對於未學過的課文有概略的認識，進一步引發閱讀的興趣。

第三章 主旨的安置

確定辭章義旨的安置，有助於釐清作者的中心思想落於篇章中的位置，而不至於受到材料與表現手法的混淆，可以避免學生抓不到課文的重心，更可以全面瞭解辭章核心的「情意」與外圍的「材料」，讓義旨教學涵蓋深刻的義蘊與開闊的視野。一般而言，義旨的安置有置於「篇首」、「篇腹」、「篇尾」、「篇外」等四種型態，茲以現行高中課文為例，說明其形式與特色。

第一節 安置於篇首者

作家用開門見山的方式，使辭章的主旨見於篇首，其形式或先總括文旨，再分敍文義；或先提出結論，再說明原因；或先議論事理，再敍述情節；表現的方式雖然多樣，而這種形式具有直截了當的特性，能使讀者接收到明確的訊息，故廣泛地被古今作家所採用。因此，在高中國文課文中，即選錄了許多主旨置於篇首的作品。如〈留侯論〉在篇首即提到：

> 古之所謂豪傑之士者，必有過人之節。人情有所不能忍者，匹夫見辱，拔劍而起，挺身而鬥，此不足為勇也。天下有大勇者，卒然臨之而不驚，無故加之而不怒，此其所挾持者甚大，而其志甚遠也。

這段文字提出了豪傑之士必須有忍「人情所不能忍」的氣節，才能成就大事的觀點，在全文的結構上具有「總提文旨」的作用，也正是全文的主旨所在。其後作者根據這個觀點，分述留侯的爲人與形貌，全文緊扣在「忍」的概念中論述，不僅推翻了世俗對於張良成就功業的神話，更重新塑造了留侯「堅忍」的形象。作者在文中批判了留侯的功過，也引鄭伯「肉袒牽羊以逆」的史事做爲證據，更提出項羽、劉邦的修養氣度，以襯出留侯「能忍」的不凡氣節。論述中有正有反，有褒有貶，卻都能呼應篇首的觀點而論，使「張良之所以成就功業，全在其忍人所不能忍」（三民版課文題解）的主旨，表達得極爲深刻而明白。

這是蘇軾參加科舉考試所寫的策論文章之一，其主旨置於篇首，正合乎了奏議文章的要求。同爲奏議類的散文，李斯的〈諫逐客書〉更運用了直捷的語句來傳達明確的意圖。他在篇首所言：

臣聞吏議逐客，竊以為過矣。

這正是李斯欲向秦王表明的重要觀點，也是全文的主旨所在。作者從正面的角度闡明逐客的過失，以說服秦王廢除逐客之令。其後轉換論述的角度，以反面來說明自己反對逐客的理由，他提到：秦國歷代君王，因廣納賓客而成就帝業；秦王亦接納域外之物而得以盡收天下之寶；推而廣之，山川自然之所以氣勢恢宏，五帝三王之所以無敵天下，皆在於不辭萬物、不卻衆庶。故知兼容並蓄的氣度與作爲，才足以成就偉大功業。作者以此道理反襯秦王的逐客之失，確實達到了振聾啓聵的效果，使秦王在面對賓客通敵的激憤之後，得以冷靜反思，讓自己察覺逐客之舉，無異於「藉寇兵而賫盜糧」罷了。李斯在文末所言「逐客以資敵國，損民以益讎」，更強調了秦王逐客之過。從文章的整體來看，作者先以正面的「逐」字著眼，而後又花了大量的篇幅從反面論述「不逐」之利，卻因此達到勸服秦王的效果，除了倚賴犀利而精確的文筆之外，更是作者把明確的義旨安於篇首之故。

又如魏徵的〈諫太宗十思疏〉一文，同爲義旨置於篇首的著例。其篇首云：

臣聞求木之長者，必固其根本；欲流之遠者，必浚其泉源；思國之安者，必積其德義。源不深而望流之遠，根不固而求木之長，德不厚而思國之理，臣雖下愚，知其不可，而況於明哲乎？

作者以譬喻的方式，舉用自然的川林之理，以點明君王當「積其德義」，才是國家長治久安的根源。其後又反覆論證，闡明了「德義爲治國之本」的道理。魏徵在文中所提出的十思，都是在這個綱領之下所建構出來的。換句話說，作者以泛寫的方式提出「積德行義」的概念，其後再以具寫的方式明列君王應有的十種具體作爲，其目的就是要太宗深刻地明白，治國者想要達到「不言而化」、「無爲而治」的境界，必須以「積德義」、「行仁政」爲基礎，才可以眞正的「鳴琴垂拱」、「盡豫遊之樂」。從更深一層的意義來說，魏徵所提的「德義」，是出自於儒家的思想，而「鳴琴垂拱」、「不言而化」可算是老莊所倡言的境界，在其兼容儒、道思想的過程中，可以看出魏徵的政治思維是以儒家爲體、道家爲用的思想脈絡。我們確立了篇首「積其德義」的義旨，也同時見出作者在全文所運用的筆法與深刻的思想內涵，此即兼顧了辭章的深度與廣度。

第二節　安置於篇腹者

一般而言，主旨或綱領被安排在文章的中央部位，除了具有統攝全文的作用，也具有承接前後段，以互相呼應的作用。這是在捕捉主旨安置於篇腹者，必須加以用心分析的。

如諸葛亮的〈出師表〉，它的主旨是在勸勉後主「親賢臣，遠小人」，以復興漢室。作者首先在第一段便指出，目前乃三分天下、「益州疲弊」的危亂局勢，使後主能體認，必須比平常更積極廣納忠臣意見的重要性，第二段進一步闡明賞罰公正，才是廣開忠諫之路的根本，第三段具體列舉宮中的賢臣良將，以歸結出「親賢臣，遠小人」的主旨。末段再追述先帝的殊遇，一方面凸顯先帝亦是「親賢臣」的明君，另一方面更作爲勸勉後主察納雅言的動力。我們可以看出，前後各段的描寫，都緊扣題旨，目的在加强說明「親賢臣，遠小人」的必要性，而安置在篇腹的主旨，不但上收「喻之以理」的部分，也下啓「動之以情」的描寫，形成「分敘、總括、分敘」的論述脈絡，把忠臣的心聲，表達得十分透徹。

又如曾鞏的〈墨池記〉，其中心思想是藉著王羲之臨池學書的「墨池」，來闡發後天學習的重要性。在這篇文章的第二段，作者評論了羲之在書法上的才學，說他遲至晚年才有精進的造詣，而其所能乃「以精力自致者」，絕非天成，從而轉用激問的語氣，道出全文的主旨。他說：

> 然後世未有能及者，豈其學不如彼也？則學固豈可以少哉？況欲深造道德者也？

從內容上而言，作者延續第一段關於「義之臨池學書」的事跡描述，很自然地提出義之在書法上的成就來自於後天的學習，並以「學」爲綱領，認爲後世無人能及的原因在於「學不如彼」，以證明「學」的重要，從而進一步强調，人生於世不僅於技藝的學習，更需藉由後天的學習，以達到人格修養上「深造道德」的境界。從形式上而言，這段文字不僅是全文主旨所在，更串連了第一段名勝古蹟的描寫與末段前賢之遺風餘思被人之深的體悟。

再如朱光潛的〈我們對於一棵古松的三種態度〉這篇文章，第一、二、三、四、五段，先以木商、植物學家和畫家看待古松不同的觀點爲例，說明人所見到外物的形像，皆受到主觀心習的影響與決定，從而導出「有審美的眼睛纔能見到美」的論述。而第六、七、八、九、十段，進一步分述木商、植物學家以及畫家看待古松的不同態度，以凸顯出眞正的美感經驗，應該像畫家一樣，擺脫實用的概念與客觀分析的角度，來欣賞古松。又闡明三者的態度，分別以眞、善、美爲最高目的，其中美感的態度，是最偏重直覺而集中注意力的心理活動。以此開啓第十一段，先從反面切入，指出「美」雖然最不具實用觀點，但如果缺乏對美的追求，精神便會衰老、生病，第十二段再從正面論述美感活動，是最自主而不受外物侷限的行爲，進而將實用與科學世界中事物的依附性，與美感世界中的事物，雖然絕緣、孤立，卻能顯現本身價值的獨立性，加以對比，以歸結出全文的主旨：

美是事物的最有價值的一面，美感的經驗是人生中最有價值的一面。

再由末段文學名篇和歷史事跡，證明藝術的永恆性與不受時空條件影響的獨立價值，遂使主旨獲得更全面的引伸與開展。我們可以看出全文的結構試圖從平列實用、自然客觀與審美的態度描述中，側重對產生美感的心理層面的揭示。因此，篇幅雖然很長，卻透過安置在篇腹的主旨，一方面使原本多軌的線索呈現一貫的思想脈絡，另一方面它上收各段的理論綱領，下開舉例證明，使前後文更具呼應的效果，也使主題得到了延伸，作者在主旨的掌握度與深度的表現上，的確是極爲成功的。

第三節　安置於篇末者

除了把主旨安置在篇首、篇腹之外，也有把一篇文章的中心思想，先條分爲若干的線索與內容，依序描寫，最後才在篇末總括出主旨的手法。由於這個主旨更具有收束與關照全文的功用，因此，各段綱領的歸納與掌握，便直接影響主旨的準確度與深度。

以歐陽修的〈縱囚論〉爲例，文章在第一段先以君子、小人對比，並且舉出「刑入於死者」是小人之中最惡劣的，而「視死如歸」是連君子都難以做到的，以見出人之常情，從而開啓第二段，指出唐太宗縱囚之事，就連君子都難以做到「視死如歸」，而罪大惡極的死囚卻能如約完成，以斷定此乃違反人情。接著，第三段進一步從唐太宗爲政六年，不能杜絕小人犯下極惡大罪的角度，加以推論，以凸顯出一時的恩德卻能使死囚視死赴約，是多麼的不合情理，由此證明唐太宗的縱囚，是上下交相賊所導致的結果。而第四段再從反對縱囚的立場，導出「不立異以爲高，不逆情以干譽」的方向，作爲全文的主旨，强調治國必須本於人情。很顯然地，它的主旨見於篇末，不但使各段綱領獲得縝密的歸依，也凸顯了歐陽修對法治的宏觀企圖。

又如司馬光的〈訓儉示康〉，是作者爲了訓勉兒子躬行節儉而作的一篇家訓。第一、二段先從他人與自我的角度對比，一方面凸顯作者樸實尚儉的習性，另一方面也作爲後輩的一種身教。第三段再從古、今「請客」、「敬酒」的禮數作爲對比，以抒發對近日奢靡頹敝風俗的感慨。爲了更清楚表達節儉的重要性，第四段從正面列舉李文靖公、魯宗道、張文節等當代賢士的儉素行端，以勉勵子孫見賢思齊。第五、六段再分別以理論和實例，闡明「儉能立名，侈則敗身」的道理，其中所舉管仲、何曾、寇來公等反面人物，較正考父、季文子等正面人物多，更加印證與强調奢侈會導致敗家喪身，具有警振作用。末段再總括前述，希望：

汝非徒身當服行，當以訓汝子孫，使知前輩風俗云。

由此歸結出全文的主旨，足見全文是採取先分敍，後總述的結構形成，而這個安置在篇末的主旨，將各段的表達與用意，提顯得更加淸楚，使讀者很容易感染作者殷殷告誡的誠懇心意與深謀尙儉的篤實風範，極具說服力。

再如丘遲的〈與陳伯之書〉，在第一段問候之後，第二段以正反的筆法，概述陳伯之歸附梁朝而又叛逃的情形，强烈對比出在兩國之間所受到極度差異的待遇，暗示歸降梁朝才是明智的選擇，又以「不能內省諸己，外受流言」的理由，一方面爲陳伯之鋪設合理的臺階，另一方面指出其一時不明所造成的結果，以開啓下面各段的勸說。第三段先說明梁朝對罪臣及功臣皆能寬大爲懷，以勸其放心歸附，接著第四段運用對比的手法，更加强調梁朝對勳臣名將的厚待，凸顯出陳伯之苟活於北魏的窘境。第五段再進一步描寫北魏的政局混亂多年，以預示陳伯之往後危殆的處境，企圖從利害關係中，爲陳伯之指出一條歸降的明確道路，而第六段又具體描繪江南的景致，設法導引出陳伯之的思鄉之情，末段則承接「人之常情」的部分，點明歸附者與叛逆者衆寡之分，再一次暗示陳伯之眞正的故鄉在梁朝。從而歸納出主旨：

> 若遂不改，方思僕言。聊布往懷，君其詳之。

仔細分析，全篇是由「先概述，再分敍，再總括」的結構所形成，安置在篇末的主旨，不但照應著全文，也在各段與各段緊扣的描寫線索中，作了一個鮮明的統整，使全篇文章形成有系統的螺旋組織，除了解決了陳伯之心中的昏疑，更有令人愈看愈肯定，愈思愈明白的作用與力量，足見作者對主題的掌握與發揮，是極爲深刻的。

結語

綜理前文的舉例分析，探討主旨的安置，確實可以讓我們更深刻地瞭解辭章的意涵與作者的論述脈絡：主旨置於篇首，具有統攝全文的作用，能使讀者先有一個中心命題，進而瞭解作者推演事理與說明事例的過程；主旨置於篇腹，則具有呼應前後文的作用，在這一個中心思想的連貫之下，不僅强化了主旨的統一性，也形成一種「平衡」與「對稱」的美感；主旨安置於篇尾，具有收束全文的作用，作者在分項論述之後，用一個中心思想以歸納全文，使讀者在瞭解條分的事理之後，可以獲得完整而清晰的概念。這三種安置的形式都是在「全顯」主旨的辭章中才會發現，至於主旨在「篇外」的型態，多見於辭章義旨爲「顯中有隱」或「全隱」的作品當中，其運用純粹敍事或寫景的筆法，使辭章的義蘊隱而未宣，造成一種「意在言外」的效果。本章雖未詳實探討，而次章「主旨的顯隱」將有詳細的分析，此不再贅述。

　　在從事國文教學時，我們必須特別注意主旨的安置，才能使學生掌握全文的中心思想，並進一步讓學生瞭解，辭章主旨的安置造成了何種效果，則義旨教學才可以達到深刻解析與整體歸納的目的。

第四章　主旨的顯隱

國文教學最重要的目的就在於情意的陶冶，而情意的基礎又在於義旨的挖掘與探討，在確立義旨的過程中，不但能使學生貼近作者的思維與情感，更進一步興發動人的共鳴與激勵。因此，帶領學生進入一篇文章，掌握主旨是首先必備的解讀鑰匙。一般說來，文章呈現主旨的形式可以分爲全顯、顯中有隱與全隱三者，學例說明於後。

第一節　主旨爲全顯

一篇文章的主旨，直接明顯的經由詞面表達得一清二楚，即可視爲顯旨。若能掌握此一主旨，亦即揭示了貫穿全篇的中心思想。如白居易的〈與元微之書〉，篇首在深情感嘆人生已經苦短，卻又與好友慘遭遙遠分隔的命運之後，緊接著點出：

況以膠漆之心，置於胡越之身。

這兩句話總括了白居易心中的千言萬語，一方面交代了與元稹淪落兩地的處境，另一方面卻也堅定傳達著兩人緊密不移的交情。可以說，白居易雖然對當前遭貶的窘境感到無奈、痛苦，但是圍繞在他心中無限鼓舞與關懷的，還是對元稹這個老朋友的熱情。因此，這兩句話雖然是篇旨，我們卻可以看出，全文的主線放在「膠漆之心」的流露，而「置於胡越之身」的感慨，只能說是更加強化了白居易對元稹的思念之情。

爲了讓遠方的元稹了解自己的心意，作者接著採取具寫的方式，第二段描寫收到元稹病中來信的感動，第三、四、五段則分別描述自己在江州的實際生活與精神休閒，以寬慰元稹，足見白居易處處表露對元稹的貼心與用心。最後於末段的三韻詩，運用前後對比的手法，再一次點出了目前遭貶的處境，但語調平易，可說是呼應了第三、四、五段的情感，流露出隨遇而安的自處之道。而「籠鳥檻猿俱未死，人間相見是何年？」正緊扣著「以膠漆之心，置於胡越之身」的濃烈思念，强調雖然身不由己，但只要活著的一天，便懷著關心老朋友，想要和老朋友共同面對人生挫折、走出困境的冀望。全文首尾呼應，一氣呵成，使讀者能明顯感受到白居易對元稹深厚的友誼，絕非困厄的環境所能阻隔的。

又如范仲淹的〈岳陽樓記〉，主旨是篇末的：

先天下之憂而憂，後天下之樂而樂。

這一句話十分清楚的展露了作者不屈服於環境的高貴思想與偉大胸襟。爲了凸顯主旨，作者除了於第一、二段交代了作記的時間、緣由之外，最值得注意的是還點明了岳陽樓盛大壯麗的景觀，不但有藉此讚美滕子京能突破遭貶的挫折而努力施政的用意，更從而引導出「遷客騷人，多會於此，覽物之情，得無異乎？」的主題，並且開展出第三段「因雨而悲」，與第四段「因晴而喜」的覽物異情。可見，「悲」、「喜」是人生普遍會面臨的境況，而「逆境」常常是一個有守有爲的讀書人在堅持己見後，所必須承擔的結果，這是范仲淹希望滕子京勇敢面對的，但他更希望滕子京有不同於騷人思士的把持與超脫，於是緊接著於第五段提出古仁人「不以物喜，不以己悲」的高尚情操，再進一步導出自己肯定的「先天下之憂而憂，後天下之樂而樂」的出路。對范仲淹來說，一個知識分子遭遇艱困而能勇敢面對，這還不夠，更重要的是，無論處於「憂」或「樂」的境遇，都能懷抱仁心，超越個人的私利，以天下國家爲己任，如此，才是志士仁人活得坦然、不憂不懼的積極目標。由於「先天下之憂而憂，後天下之樂而樂」這兩句話是由《孟子．梁惠王》篇中「樂以天下，憂以天下」所衍化而成的，可以說是極具說服力，不但足以激勵滕子京，也爲全天下的讀書人，勾勒出了明確的努力方向。加上第三、四段的鋪敘，我們可以從這篇文章中，清楚體認出作者面對環境困厄所抱持的態度和堅持是多麼的深刻，而大大不同於遷客騷人的覽物異情，因此，主旨雖然在篇末才托出，但一、二、三、四段的敍述卻是環環相扣，脈絡分明，使主旨更加的鮮明，發人深省。

再如鄭愁予的〈錯誤〉這一首詩，詩末寫著：

美麗的錯誤。

爲了要使這個主旨更加深刻，作者首先採取泛寫的方式，點出「我打江南走過，那等在季節裡的容顏如蓮花的開落」兩句話，成功地繪出一幅思婦在漫長等待中，因爲匆匆的過客，而引發了短暫的驚喜與失望的場景，可以說是呼應了「美麗的錯誤」這句話。爲了更能體現思婦如蓮花開落的心情轉變，接著透過「柳絮不飛」、「小小的寂寞的城」、「青石的街道向晚」、「春帷不揭」、「小小的窗扉緊掩」等幾個意象的重疊，勾勒出思婦的等待是何其的堅貞與專一，這就使得讀者能夠進一步想像，「美麗的錯誤」背後，思婦究竟經歷過多少日子的等待與錯認，而過客所引起的誤會，帶給長期門戶封閉、耳目警覺、精神緊繃的思婦的失望與衝擊，又是多麼的强烈。於是，詩末才拈出的主旨內涵，不僅不因爲詩句的短小而顯單薄，反而更加的豐富飽滿，思婦等待的冀盼與殷切的畫面，因而更加深植讀者的內心，可見作者精心鎔鑄的功力。

第二節 主旨爲顯中有隱

一篇文章，除了就文字的敍述，可以歸結主要的義旨之外，在背後還隱藏著深層意義的文章主旨，此可視爲「顯中有隱」。通常，表層與深層的義旨，有著互相引申與呼應的作用。

如蘇轍的〈黃州快哉亭記〉，它表面的主旨是：

> 士生於世，使其中不自得，將何往而非病？使其中坦然，不以物傷性，將何適而非快？

然而要使快哉亭和主旨之間形成重要的關係和線索，勢必要仰仗高遠的識見，才能統攝。我們看到作者在第一、二段便從「快哉」亭的由來和四周景觀闡發，緊扣住張夢得與蘇軾雖然遭貶，卻仍能縱情在黃州的江流勝景，建築快哉亭與爲之命名，隱隱透露著「唯有超越人生的得失，才能得到內心眞快」的伏筆。緊接著第三段藉〈風賦〉中楚襄王與宋玉的一段對話，强調人往往因際遇的不同，牽動著看待萬物的態度，暗示著主導「快」與「不快」的主人正是自己的內心，從而開展出末段的議論，說明唯有坦然的內心，才能不爲外物所役，無往而不快，以呼應首段，托出全文的主旨。由此可以得知，蘇轍作此篇文章乃是對兄長和好友能忘夠忘懷得失、徜徉山水的開闊胸襟，表達鼓勵與讚美。再進一步考察蘇轍的人生境遇，當時蘇轍因爲上書爲兄贖罪而受牽累，蘇軾被貶黃州，蘇轍也遭貶筠州，很明顯的，作者亦有藉此文章自我安慰，抒發隨遇而安之豁達人生觀的用意，這可以說是在顯旨之外另一個隱而不宣的深層主旨。

又如蘇洵的〈六國論〉，議論導致六國破滅最根本的原因在於：

賂秦。

作者在首段先以總括的方式分析這個主旨，點出「賂秦」必然造成的兩個結果，一是「賂者力虧」，一是「不賂者因賂者喪」。再於第二、三段分述「賂者」與「不賂者」的情勢，凸顯韓、魏、楚因「賂秦」而先遭滅亡，與齊、燕、趙「能守」以致於後亡的不同層次，從而導出「只要不賂秦，小國尚有戰勝的希望，何況六國團結所形成龐大的力量！」這個結論。足見在賂秦的背後，不願積極面對問題，並且不斷逃避、姑息，以致於喪失自我認知的軟弱心態，正是秦國所以吃定六國，而其威勢也得以快速膨脹的重要因素。從內容上分析，主旨十分的明確。但從篇末「爲國者，無使爲積威之所劫」與「苟以天下之大，而從六國破亡之故事，是又在六國下矣」等句子看來，蘇洵寫作的動機，另有所指。蘇洵生逢北宋眞宗、仁宗兩朝，當朝國君在面對契丹、西夏等强鄰騷亂的問題上，正如六國看待秦國般，以「賂敵」的模式求得苟安的局面。如此，可知蘇洵眞正的目的乃是希望歸結六國滅亡的歷史教訓，對宋朝的爲政者加以勸諫，希望當朝不要因爲「賂敵」，而重蹈六國破敗的覆轍。這可說是在顯旨中寓有深層義旨的代表例子。

再如顧炎武的〈廉恥〉，表面的主旨是：

> 然而四者之中，恥尤為要。

恥是四維之一，爲了要使「恥」更加凸顯而又不致太突兀，作者在首段便從四維的根本作用中，緊扣「廉、恥」二字加以論述。第二段再進一步拈出「恥」字作爲主旨，並且把焦點鎖定在士大夫身上，明確指出「士大夫之無恥，是謂國恥」。接著第三、四段舉證三代以下，之所以世衰道微，乃是由於無恥之徒多，知恥者少，以歸結出眞正的「恥」，必須經得起時代與環境的考驗，從而爲士大夫指出了一個努力的方向。可見題目雖然是「廉恥」，但作者更側重於「恥」的深度發揮。再從篇末「彼閹然媚於世者，能無愧哉？」這句話分析，「彼」應有所指。由於顧炎武生當明、清改朝換代之際，對於當時許多爲了出入權貴、棄明降清、蠅趨蟻附之流，深惡痛絕，因此，可想而知，顧炎武亦有藉本文强力抨擊社會上紛紛變節、枉顧民族大義的士大夫的寓意，這是在顯旨之外，更能體現作者心聲的隱旨。

第三節　主旨爲全隱

在作品中，不以文字直接呈現主旨，而是透過敍事或寫景，將主旨隱於篇外，即可視爲全隱。由於隱旨往往是作者更深層的抒發與寄託，爲了尊重與貼切作者的創作意念與動機，更應配合除了文章本身以外的相關資料挖掘，以求互相補證，完整的呈現作品的義旨。

如選自司馬遷《史記．項羽本紀》中的〈鴻門宴〉，主要是藉由項羽、劉邦推翻暴秦之後，兩軍對峙，鬥謀於鴻門宴上的事跡，來呈現最後劉邦勝、項羽敗的重要關鍵。作者在首段先概括項羽駐軍鴻門，劉邦駐軍霸上的局勢，以范增「吾令人望其氣，皆爲龍虎，成五采，此天子氣也，急擊勿失」的一段話，作爲預示劉邦將得天下的伏筆。第二段敍述張良爲劉邦謀策，從劉邦以兄長之禮接待項伯，並且表示「不敢背項王」的舉動，一方面顯示劉邦有居人之下的氣度，一方面可見劉邦能虛心聽信張良之言。第三、四段具體描寫樊噲與張良幫助劉邦於鴻門宴脫險的經過，劉邦能信從樊噲與張良的主張，做出顧全大局的應對，可以說是掌握了「人和」的重要因素，而且從第二段描寫劉邦得知項羽將出兵攻打時，大驚曰：「爲之奈何？」到第三、四段在處於布滿殺機的場面上，已能從容配合左右的意見，見機行事，印證了劉邦是一個能虛心納下，不斷進步成長的人。這樣的取材與鋪寫，其用意也就在反襯出項羽不聽范增與不幫項莊共殺劉邦的固執，項羽不但不能採納左右宰臣的建議，又有婦人之仁的弱點，《史記・項羽本紀》太史公曰：「自矜功伐，奮其私智而不師古，謂霸王之業，欲以力征經營天，五年卒亡其國。身死東城尚不覺寤，而不自責過矣。」正好呼應了項羽何以錯失消滅劉邦與喪失成就帝業的重大因素，這是作者企圖透過人物個性與事件的描繪，有所寄托表達的隱旨。

又如方苞的〈左忠毅公軼事〉，第一段描寫左光斗爲國舉才、積極獎掖後進，第二段敘述左光斗身陷囹圄，對史可法責以大義的事跡，以見左光斗的忠毅。從史可法冒死探獄，與後常流涕述其事以語人曰：「吾師肺肝，皆鐵石所鑄造也！」的行爲，可以得知史可法已深受左光斗義行的影響與感動，既而開啓第三、四段對史可法的治兵嚴謹與篤厚師門的描寫，更加表現史可法愛國與不忘師恩的精神，乃是受到左光斗烈舉的感召，可以說是把史可法寫得越忠毅，也就更加凸顯左光斗的忠毅，這種以賓顯主的寫法，不但使人物的精神特質更具立體感，而且增加了軼事的說服力與可信度，文章中雖不見「忠毅」二字，但確實是以忠毅貫穿全篇，這樣的隱旨，是更可切合主題的。

此外，小說因文體、人物、情節結構的複雜性，使得它的義旨，往往不是內容的表面，或是一、兩句話就可以表達清楚，因此，小說的主旨多半隱於文字的背後，需要讀者更用心的捕捉與掌握。

如選自曹雪芹《紅樓夢》中第四十回的〈劉姥姥進大觀園〉，全文透過劉姥姥在賈府遊園、吃飯，遭鳳姐、鴛鴦支使，以致於搞笑、哄賈母開心的情節，來呈現賈府奢華的生活。小說中的劉姥姥除了表面質樸、憨厚，作者更努力捕捉她聰明慧黠的一面，當鳳姐用菊花把她的頭插得亂七八糟時，她自我解嘲：「我這頭也不知修了什麼福，今兒個這樣體面起來！」當賈母得意地問她：「這園子好不好？」她把大觀園說成是比畫上還强十倍。甚至在飯後，她笑著對鳳姐、鴛鴦解釋：「你先囑咐我，我就明白了，不過大家取個笑兒。我要心裡惱，也就不說了。」都可顯示劉姥姥內心的機智與雪亮。作者不直接描寫賈府的生活，而是從劉姥姥這個練達的農婦眼光，看待富家人物的生活，其用意也就在描寫劉姥姥善意的解嘲之下，自然的對比出賈府一羣養尊處優的貴婦們，生活驕奢無聊，以捉弄他人來尋找樂子的無知。雖然在小說中，作者對所有的人物都不加以褒貶，但由於劉姥姥這個角色塑造得鮮活、成功，使讀者很容易就得以透過劉姥姥這面鏡子，看到貧富懸殊的兩種世界，而人人視爲富豪旺族的表象背後，精神生活又是多麼空虛、可笑，更能因此體會到賈府必然走上衰敗的重要線索。在短短的情節中，能夠將隱旨如此深刻而具體的呈現，可見作者精心的構思與布局。

結語

綜觀上述各類篇章的具體分析，我們不難發現，辭章的主旨可以從全顯、顯中有隱與全隱三方面加以判別：主旨爲「全顯」者，可以讓讀者確切而容易地掌握其中心思想，故最適於用在表達作者強烈意圖的文章；主旨爲「顯中有隱」者，則必須釐清顯旨與隱旨的層次及其關聯性；而主旨爲「全隱」者，由於義旨隱而不宣，除了深入探討辭章的義蘊與表現手法外，更必須瞭解其創作的背景，才能更準確地掌握作者在文章背後的寫作動機；後兩者形式所形成的「含蓄」的文風，也是我們在分析辭章時所必須注意的。如果能夠掌握一篇文章的主旨，不僅對於解讀作品發展的脈絡與體悟作者的動機有確切的幫助，在指導學生創作時更能促進學生組織作品結構的概念。因此，探討主旨的顯隱，確實有助於教師的授課。

附錄

義旨的顯隱與安置

本書所選錄討論的文章，以出現在兩家版本以上的課文爲對象

	篇目	作者	主旨	顯隱	安置
先秦文	燭之武退秦師	左丘明 左傳	描寫燭之武的機智。	全隱	篇外
	馮諼客孟嘗君	戰國策	展現馮諼的足智多謀與深謀遠慮。	全隱	篇外
	庖丁解牛	莊子	藉庖丁解牛的神技，闡發保養精神與處世之道。	全顯	篇尾
	勸學	荀子	說明學習的態度貴在眞積力久。	全顯	篇末
	諫逐客書	李斯	勸諫秦王逐客的過失。	全顯	篇首

時代	篇目	作者	主旨	顯隱	安置
兩漢文	過秦論	賈誼	顯：總結秦亡的主因是「仁義不施」。 隱：在使漢文帝戒秦之失，施行仁政。	顯中有隱	篇末
兩漢文	鴻門宴	司馬遷	反證項羽優柔寡斷，私用其智，錯失了消滅劉邦的良機，也失去了成就帝業的機會。	全隱	篇外

時代	篇目	作者	主旨	顯隱	安置
魏晉南北朝文	典論・論文	曹丕	强調文章的重要，以勉勵君子審己以度人。	全顯	篇尾
魏晉南北朝文	出師表	諸葛亮	勉勵蜀後主「親賢臣，遠小人」，以完成興復漢室的宏願。	全顯	篇腹
魏晉南北朝文	陳情表	李密	表達孝思，望晉武帝成全。	全顯	篇腹
魏晉南北朝文	桃花源記	陶潛	對當代社會政治亂象的一種反動，構築一個心目中圓滿、和諧的人間樂園。	全隱	篇外

篇目	作者	主旨	顯隱	安置
蘭亭集序	王羲之	闡發文章——雖然人事變遷，唯有文章能興發共通的感動。	全顯	篇尾
水經江水注	酈道元	描寫長江三峽的山川風物之勝。	全顯	篇尾
與陳伯之書	丘遲	旨在勸其主動歸降。	全顯	篇尾

隋唐文				
篇目	作者	主旨	顯隱	安置
諫太宗十思疏	魏徵	勸諫太宗當「積德義」	全顯	篇首
春夜宴從弟桃花園序	李白	由「浮生若夢」的觀點，凸顯及時行樂之旨。	全隱	篇外
山中與裴秀才迪書	王維	以春、冬遊賞的情趣，邀約裴迪共遊藍田山。	全顯	篇尾
師說	韓愈	強調師道的重要性，以批判當時恥學於師的歪風。	全顯	篇尾

送董邵南序	韓愈	顯：表達作者諫止的心意。 隱：同情董生的懷才不遇，含蓄地諷刺朝廷不能善用人才的缺失。	顯中有隱	
張中丞傳後敍	韓愈	爲張巡、許遠辯誣，並補《張巡傳》之不足。	全顯	篇首
始得西山宴遊記	柳宗元	顯：表達始得西山心境上的開悟。 隱：以西山自比，肯定自我價值。	顯中有隱	
永某氏之鼠	柳宗元	影射竊食以肆暴者，終將遭滅頂之禍。	全隱	篇外
捕蛇者說	柳宗元	藉捕蛇者的遭遇，說明「苛政猛於虎」的道理。	全顯	篇尾
與元微之書	白居易	表達對摯友元微之的思念之情。	全顯	篇首
虯髯客傳	杜光庭	宣揚「唐室乃天定不可推翻」的觀念。	全顯	篇尾

	篇目	作者	主旨	顯隱	安置
宋文	黃岡竹樓記	王禹偁	表達作者屢遭貶謫，仍能抱持耿直、通達的胸懷。	全顯	篇尾
	岳陽樓記	范仲淹	表達「先憂後樂」的人生觀。	全顯	篇尾
	縱囚論	歐陽修	提出帝王立法治國必本於人情的道理。	全顯	篇尾
	醉翁亭記	歐陽修	顯：表達與民同樂的情懷 隱：宣揚政績	顯中有隱	
	六國論	蘇洵	顯：批判六國賂秦之失。 隱：對當朝的「賂敵政策」提出警戒。	顯中有隱	
	教戰守策	蘇軾	藉由生民「知安而不知危，能逸而不能勞」，而提出教戰守之必要。	全顯	篇首
	留侯論	蘇軾	論證留侯乃因能忍而就大謀者。	全顯	篇首

赤壁賦	蘇軾	顯：體認宇宙間變與不變的哲理，才能在自然界安適自得。 隱：開釋貶謫的失意。	顯中有隱	
黃州快哉亭記	蘇轍	以論證人生至快在於心境的安適（勉勵張夢得） 自勉	顯中有隱	
傷仲永	王安石	藉方仲永之例，强調教育與學習的重要性。	全顯	篇尾
遊褒禪山記	王安石	揭示「凡事當盡志則可無悔」的道理。	全顯	篇腹
墨池記	曾鞏	肯定後天勤學苦練的重要性。	全顯	篇腹
義田記	錢公輔	推崇范仲淹設置義田的義行。	全顯	篇尾
儉示康	司馬光	以「儉」訓誡其子，並使之成爲傳世家風。	全顯	篇尾

時代	篇目	作者	主旨	顯隱	安置
	蜃說	林景熙	顯：感慨王侯代謝、華屋丘墟的歷史現象 隱：抒發亡國之痛及復國之志。	顯中有隱	篇
明文	林沖夜奔	施耐庵	凸顯「官逼民反」的主題。	全隱	篇外
	花和尚大鬧桃花村	施耐庵	藉魯智深大鬧桃花村的過程，凸顯其行俠仗義的精神。	全隱	篇外
	用奇謀孔明借箭	羅貫中	以借箭事件凸顯孔明的神機妙算。	全顯	篇尾
	賣柑者言	劉基	藉賣柑者之言，諷刺元末文武官員的虛有其表、顢頇昏憒。	全顯	篇腹
	指喻	方孝孺	以指病比喻治國，應重在防微杜漸。	全顯	篇尾
	報劉一丈書	宗臣	揭露當時官員奔走權貴門庭的醜態，以表明自己不屑同流合污的心志。	全顯	篇腹

	篇目	作者	主旨	顯隱	安置
	晚遊六橋待月記	袁宏道	借西湖六橋風光之勝，以寫遊六橋待月之樂。	全顯	篇尾
	項脊軒志	歸有光	以蜀清、孔明自比，抒發兼濟天下的偉大抱負。	全顯	篇腹
清文	廉恥	顧炎武	透過四維強調「恥」的重要性。／諷刺明末文士不顧國家存亡而屈膝求官的醜態。	顯中有隱	
	原君	黃宗羲	推究立君的根本精神，闡明仁君的職分在爲民興利除害。	全顯	篇首
	左忠毅公軼事	方苞	藉史可法的「忠毅」來寫左公的忠毅。	全隱	篇外
	原才	曾國藩	闡明「轉移風俗，陶鑄人材」的觀念。	全顯	篇腹

劉姥姥進大觀園	曹雪芹	借劉姥姥的見聞與感受，反映賈府的豪華奢侈，見證了貧富懸殊的兩種世界。	全隱	篇外
祭妹文	袁枚	表達對其妹之死的深切哀痛。	全顯	篇尾
黃生借書說	袁枚	藉由「書非借不能讀」來勉勵黃生讀書要專心一致。	全顯	篇尾
范進中舉	吳敬梓	揭露科舉制度的弊害與時人熱中功名的醜態。	全隱	篇外
明湖居聽書	劉鶚	表現白妞出神入化的說書技巧。	全顯	篇腹
奕喻	錢大昕	針砭學子互相批評的陋習，闡明人應有「得失無絕對」的自覺。	全顯	篇尾
病梅館記	龔自珍	表達終生療梅的心意。批判當時人才遭受壓抑、扭曲，不得施展所長的弊病。	顯中有隱	
台灣通史序	連橫	闡明修台灣通史的必要性	全顯	篇腹

類別	篇目	作者	主旨	顯隱	安置
現代散文	我們對一棵古松的三種態度	朱光潛	藉著對於一棵古松的三種態度，勉勵人們重視美感的經驗，發揮人生最有價值的一面。	全顯	篇腹
現代散文	聽聽那冷雨	余光中	藉雨聲、雨景寄託鄉國之思。	全隱	篇外
現代散文	楊柳	豐子愷	顯：讚美楊柳「高而能下、高而不忘本」之美 隱：諷喻貪婪忘本的社會醜態。	顯中有隱	
現代散文	三峽	余秋雨	藉三峽風光的描寫，抒發一種濃郁的歷史滄桑感。	全隱	篇外
現代小說	一桿「稱仔」	賴和	藉由一桿「稱仔」的故事，說明在强權的壓迫下，沒有眞正的公平正義。	全隱	篇外
現代小說	散戲	洪醒夫	凸顯傳統舊文化受到新文明的吞噬。	全隱	篇外

	篇目	作者	主旨	顯隱	安置
現代詩	再別康橋	徐志摩	表達作者再別康橋的眷戀。	全隱	篇外
	錯誤	鄭愁予	全詩以過客的觀點設想思婦漫長等待的心情。	全顯	篇首

第五章　義旨與材料運用

所謂材料運用，是指作者在寫作文章時對於材料所作的安置。陳滿銘在〈談辭章的義蘊與運材之關係〉（《國文教學論叢續編》，萬卷樓，頁四七）一文中曾說：

辭章的義蘊是抽象的，而所運用的材料是具體的。運用具體的材料來表出抽象的義蘊，才能使辭章發揮它最大的說服力與感染力。

由此可知，作者運用材料的最大目的，就在於凸顯辭章的義旨。因此，高中國文教學應著重於引導學生瞭解文章的義蘊，而在探求文章義旨時，就必須對材料運用作深入的分析，在瞭解材料的種類及其作用之後，才能更準確地掌握文章的義旨。

第一節　材料的種類

關於寫作材料的種類，上自天文，下至地理，從個人到社會國家，有人文的，有自然的，可謂千頭萬緒。而作者必須運用適切的材料，才能使辭章完整地表達內心的概念。因此，我們在探求篇章的義旨時，也必須釐清材料的種類，進而梳理作者的思維脈絡，以掌握準確的篇旨。一般而言，作者所運用的材料，可分爲「事」與「物」兩大類，茲分述如下，以見篇章的義旨與運材的密切關係：

一、事材的種類

以事件作爲凸顯義旨的材料，其種類相當多。由於事件必定與人有關，才可以和文旨產生關聯，故大致可以就「個人」、「家庭」及「社會國家」等三方面來說明。

(一)屬「個人」及「家庭」之事材

個人與家庭常有不可分割的關係，一般作家在運用個人的事材時，往往會涉及家庭或家人的部份，因此，屬於「個人」及「家庭」的事材，可以一併討論。以下分爲六類探討。

1.軼事、往事

述及人物的軼事或自述個人的往事，可藉由事件的來龍去脈給予讀者完整的印象。用於議論，則可印證事理；用於抒情，則可增強感動；用於記敘，則能交代情節。如曾鞏的〈墨池記〉本來是以記載墨池爲主，但以墨池是晋代書法家王羲之「臨池學書」之處，再以曾鞏作記，另有勸人向學之意，所以王羲之的生平事跡就必須提出來，以作爲「墨池」與「勸人向學」之間的重要關聯。其文中寫到：

> 方羲之之不可強以仕，而嘗極東方，出滄海，以娛其意於山水之間；豈其徜徉肆恣，而又嘗自休於此邪？羲之之書，晚乃善。則其所能，蓋亦以精力自致者，非天成也。

此段文字提到王羲之與臨川墨池的淵源，說他不願勉強作官，於是遊遍會稽附近的山水，並曾經在墨池休憩。這段軼事雖然出於作者的猜測，然其主要目的是要強化「臨池學書」的事實，才足以引出羲之的書法是「精力自致者，非天成」的定論。作者在文中安排這段軼事，除了具有印證事理的作用之外，其被當作是記敘與論事的橋樑，是更明顯的。

至於自述個人的往事，常出現在記敘的文類當中。如魯迅的〈風箏〉，旨在藉由風箏，敘述他在童年所犯的錯誤，以表達內心無從彌補的沈痛。其中有一段文字，是故事的高潮，他寫到：

有一天，我忽然想起，似乎多日不很看見他了，但記得曾見他在後園拾枯竹。我恍然大悟似的，便跑向少有人去的一間堆積雜物的小屋去，推開門，果然就在塵封的什物推中發見了他。他向著大方凳，坐在小凳上；便很驚惶地站了起來，失了色瑟縮著。大方凳旁靠著一個蝴蝶風箏的竹骨，還沒有糊上紙，凳上是一對做眼睛用的小風輪，正用紅紙條裝飾著，將要完工了。我在破獲秘密的滿足中，又很憤怒他的瞞了我的眼睛，這樣苦心孤詣地來偷做沒出息孩子的玩藝。我即刻伸手折斷了蝴蝶的一支翅骨，又將風輪擲在地上，踏扁了。論長幼，論力氣，他是都敵不過我的，我當然得到完全的勝利，於是傲然走出，留他絕望地站在小屋裡。後來他怎樣，我不知道，也沒有留心。

作者在童年時期，認爲風箏是「沒出息孩子所做的玩藝」，並且也不准他的么弟玩。然而他的小兄弟對風箏是非常嚮往，只能偸偸地作來玩。後來被魯迅發現，於是發生了這段情節。作者狠狠地摧殘了弟弟費盡心血、即將完成的蝴蝶風箏，並且得意地揚長而去。然而，禁止一個小孩去愛他所愛，且恣意地加以破壞，是一個多麼大的罪惡！等到成年之後，作者想要向他的弟弟求得寬恕，卻獲得弟弟一句：「有這樣事？」的淡然答應，使他連贖罪、討寬恕的機會都沒有，其內心的煎炙是相當強烈的。而這段往事完整記載著作者當年的罪狀，敍述中「完全的勝利」所呈現的意義卻是極端諷刺，相反地，他是個永遠無法贖過的失敗者。作者運用這段往事的追憶，並透過抒情的筆觸來傳達他的悔意，其展現的張力實足以悸動人心。

2.教育學習

以「教育學習」作爲辭章的材料，通常也用在凸顯教育學習方面的義旨。在高中教材中，韓愈的〈師說〉可算是運用這類材料最典型的例子。這篇文章重在闡釋從師問學之道，作者所運用的材料，多是當時的社會現象。如描述當時人從師問學的態度提到：

> 巫醫、樂師、百工之人，不恥相師。士大夫之族，曰師、曰弟子云者，則羣聚而笑之。問之，則曰：「彼與彼年相若也，道相似也。」

這段文字比較了當時「巫醫、樂師、百工之人」與「士大夫之族」從師態度的不同，並用示現的手法，把當時讀書人恥於相師、不尊重師道的醜態清楚地描繪出來。其主要目的就在批判當時士大夫輕蔑師道的歪風，並呼應其「師道淪喪」的感慨，從而反證出從師問學的重要性。當然，韓愈在文中除了這項對比之外，更比較了古之聖人與今之衆人從師問學之異，以及提出世人知道爲童子擇師，自己本身卻「恥師」的荒謬行徑，這些社會現象，都是反證篇旨的重要材料，其作用不容忽視。

同爲教育學習的事材，荀子的〈勸學〉也曾比較君子與小人的學習態度，其言：

> 君子之學也，入乎耳，箸乎心，布乎四體，形乎動靜。端而言，蝡而動，一可以為法則。小人之學也，入乎耳，出乎口，口耳之間則四寸，曷足以美七尺之軀哉！……君子之學也以美其身，小人之學也以為禽犢。

荀子以爲，後天的學習可以節制人的欲望，改變人的本性，故强調學習的內容乃「始乎誦經，終乎讀禮」，更强調學習的目標乃「始乎爲士，終乎爲聖人」。由這個學習進程觀之，君子之學乃爲成聖成德，是荀子所認同的終極目標；而小人之學止於口耳之間，只是一種類於動物本能的學習而已。荀子比較君子與小人的不同，就在强調爲學應有的正確態度。在〈勸學〉篇中，荀子廣泛地運用自然與人文的事物來譬喻學習，而這段文字是唯一「以學證學」的材料，不僅凸顯了學習的態度，更呼應了「眞積力久則入」與「學至乎沒而後止」的重要義旨。

3.個人修養

屬「個人修養」的事材，其所能凸顯的義旨不止於個人的哲理，更可擴至社會國家的範疇。高中教材所選錄的作品，亦多爲這種模式。如歐陽脩的〈縱囚論〉，就以論證君子、小人的修爲，做爲文章的開端。其言：

> 信義行於君子，而刑戮施於小人。刑入於死者，乃罪大惡極，此又小人之尤甚者也。寧以義死，不苟幸生，而視死如歸，此又君子之尤難者也。

君子與小人的差異，可從許多方面來探討，本段文字則鎖定在施政教化的方式而論。與君子談信義，可以達到教化的目的，而對於小人，則必須使用「刑戮」的手段，才足以抑惡揚善。作者先提出這項「本於常情」的論點，更進一步推論，死刑犯是小人中罪大惡極者，而「寧以義死，不苟幸生，以視死如歸」的行爲，是君子所難達成，更不用說是罪大惡極的死刑犯了。作者以層遞的筆法提出君子與小人的差異，同時也強調施政教化應本於常情的觀點，其中肯細密的分析足以悅服人心，更足以作爲後文批判太宗縱囚的主要根據。

同為古文大家的蘇軾，亦曾在〈教戰守策〉一文中，運用個人修身來譬喻國家戰守。其文曰：

天下之勢，譬如一身。王公貴人所以養其身者，豈不至哉？而其平居常苦於多疾。至於農夫小民，終歲勞苦，而未嘗告病，此其何故也？夫風雨霜露寒暑之變，此疾之所由生也。農夫小民，盛夏力作，而窮冬暴露，其筋骸之所衝犯，肌膚之所浸漬，輕霜露而狎風雨，是故寒暑不能為之毒。今王公貴人處於重屋之下，出則乘輿，風則襲裘，雨則御蓋，凡所以慮患之具，莫不備至。畏之太甚，而養之太過，小不如意，則寒暑入之矣。是故善養身者，使之能逸而不能勞；步趨動作，使之四體狃於寒暑之變；然後可以剛健強力，涉險而不傷。

作者比較了王公貴人與農夫小民在養身方式上的差異，其生動的描述使兩個階級的生活型態躍然紙上，而農夫小民終歲勞苦，相較於王公貴人養尊處優，卻更能抵擋寒暑的侵襲，足見作者所言，養身應該「使之四體狃於寒暑之變，然後可以剛健強力，涉險而不傷」才是正確的方式。推而廣之，國家施政，更應於承平之時教民戰守，才能使百姓習於鐘鼓旌旗，一旦發生戰爭，人民就不致驚惶失措。蘇軾以個人養身來比喻天下大勢，確實是一個凸顯義旨的重要材料。

4.親情、家人生活

描述家人的生活情狀，通常是爲了展現個人與親情的關係。親情對個人而言是非常深刻，同時也非常普遍的。因此，以家人生活作爲傳達情感的材料，最能引發讀者的共鳴。白居易在〈與元微之書〉中所描述的三泰，其中就有一泰是與家人生活有關，其內容寫到：

> 僕自到九江，已涉三載。形骸且健，方寸甚安；下至家人，幸皆無恙。長兄去夏自徐州至，又有諸院孤小弟妹六、七人，提挈同來。昔所牽念者，今悉置在目前，得同寒暖飢飽，此一泰也。

作者在寫這封書信時，已經是被貶謫後的第三年，對於身世的不平與人生的憂歎多已釋懷，書信中雖然傳達了他對元微之的思念之情，卻仍寫下了三泰以告慰好友的牽掛。而白居易痛遭貶謫，卻能在偏僻的江州與家人重聚，可說是人生的萬幸，以此作爲內心的一大舒坦之事，當然値得告慰摯友，也眞切地傳達了自己內心的寬慰與坦然。

至於最擅長運用家人生活來表現情感的作家，要算是明代的歸有光了。其追念母親及妻兒的作品不勝枚舉，而高中教材所選錄的〈項脊軒志〉即其代表。本文以「項脊軒」爲中心，並述及與書軒有關的軼事，其中，當然以家人生活爲主要描述對象。作者在敍述項脊軒的景觀與修葺經過後，隨即轉入軒中軼事的描寫，他寫到：

家有老嫗，嘗居於此。嫗，先大母婢也；乳二世，先妣撫之甚厚。室西連於中閨，先妣嘗一至。嫗每謂余曰：「某所，而母立於茲。」嫗又曰：「汝姐在吾懷，呱呱而泣；娘以指叩門扉曰：『兒寒乎？欲食乎？』吾從板外相為應答。」語未畢，余泣，嫗亦泣。

這段文字，旨在表達對母親的追念，筆調平實而感人。其後又言：

余自束髮讀書軒中，一日，大母過余曰：「吾兒，久不見若影，何竟日默默在此，大類女郎也？」比去，以手闔門，自語曰：「吾家讀書久不效，兒之成，則可待乎！」頃之，持一象笏至，曰：「此吾祖太常公宣德間執此以朝，他日汝當用之。」瞻顧遺跡，如在昨日，令人長號不自禁。

娓娓道來的筆觸中，有作者對家人的思念，也有觸景傷感的情懷，更以祖母的期望，間接傳達了作者的自我期許。從這兩段家人生活的描述看來，歸有光寫項脊軒絕不止於書齋本身的描述而已，其對於家人的思念與自我的期許，才是本文的重點。而這兩段重要事材，就是傳達作者情志的重要媒介。

5.情境

情境的營造，易使讀者融入作者的情志，使文章發揮感染的效果。故作家抒情寫志，可不必直書胸臆，而是營造一個動人的情境。就抒情文類而言，可以間接傳達自己的情志；就論說文類而言，則可增強說服的效果。以袁枚的〈祭妹文〉爲例，這篇文章是古文中的抒情佳作，作者藉由描寫其妹的生前軼事，表達了無限的追思；而文末的一段情境描寫，則是祭奠當時情狀的展現，其言：

> 身前既不可想，身後又不可知；哭汝既不聞汝言，奠汝又不見汝食。紙灰飛揚，朔風野大，阿兄歸矣，猶屢屢回頭望汝也。嗚呼哀哉！

我們可從「紙灰飛揚，朔風野大」的文字描述中，想像一個祭奠的場景：作者與其家人在郊野之間焚紙送別，而葬於黃土的亡妹將永別於人世，作者的神情必也是茫然而哀傷的。整個場面備極哀榮，與文章中的生前軼事互相呼應，其所造成的感染力是相當大的。作者以送葬的場景作結，其「屢屢回頭望汝」的不捨之情，確實足以動人心弦！

論說文所使用的事材，仍可運用情境的營造來說明事理。如黃永武先生的〈一夕「情」話〉，即在篇首營造了一個晚餐的溫馨情境，他用平實委婉的筆調寫到：

> 晚餐是我家最溫馨的時刻。三個小孩從不同的學校回家來，拋下沈重的書包，各以笑臉擺到餐桌前。晚餐時刻，是親情甜蜜時間，約好不看電視，不放音樂，不端著碗走開去，全家把心神集中到餐桌前。桌上有熱氣騰騰的菜肴，餐桌上方投射下來的仍是傳統昏黃的柔柔燈光。不像客廳或書房中所換的白色球形日光燈，燈光白而冷，顯得理性而無情。

這是一篇談論愛情與人生觀的文章，作者運用晚餐的情境表達了親情的溫馨，再藉由親情以切入愛情觀的論述，在論理與敍事之間，有了連貫的橋樑，使整篇文章的思維脈絡非常流暢，而不致有突兀之感。由此可見，這段情境的營造至少有兩個作用：一是作爲切入主題的橋樑，二是以「親情」呼應一夕「情」話的標題。作者對於材料的安置是非常用心的。

6.格言、名言

運用「格言」、「名言」等事材，就是要增加辭章的說服力。在一般的論說文中，必然可以找到這種事材的運用。而抒情或記敍的文類，也有不少事例。在高中教材所選錄的文章，亦隨處可見這類事材。如蘇轍在遊學汴京所寫的〈上樞密韓太尉書〉，即引用了孟子之言來說明養氣的功夫，其言：

> 轍生好為文，思之至深。以為文者氣之所形，然文不可以學而能，氣可以養而致。孟子曰：「我善養吾浩然之氣。」今觀其文章，寬厚宏博，充乎天地之間，稱其氣之小大。

這段文字旨在闡明文章與養氣的關係。作者引孟子之言，又舉孟子之文爲證，把作家的氣質和文章的氣勢串連起來，並表明了自己欲養天下之奇氣的胸襟，更隱約稱道韓太尉恢弘的人格特質，就一篇干謁的書信而言，其引孟子之言作爲論證的事材，是非常恰當的。

記敍文類亦有引名言以證事的例子。如劉鶚的〈明湖居聽書〉就融合了孔子之言，以稱道王小玉說書的絕妙，其文中寫到：

> 當年讀書，見古人形容歌聲的好處，有那「餘音繞樑，三日不絕」的話，我總不懂。空中設想，餘音怎樣會得繞樑呢？又怎會三日不絕呢？及聽了小玉先生說書，才知古人措辭之妙。……反覺得「三日不絕」這「三日」二字下得太少，還是孔子「三月不知肉味」，「三月」二字形容得透徹些。

這是一段藉由在場聽衆所描述的讚言，從「三日不絕」到「三月不知肉味」，可以看出作者運用名言的功力。經由層層遞進的引言，確實足以凸顯王小玉說書的精妙，而稱讚之言與孔子之論融合得恰到好處，也是說明歌聲特質的主要因素。

(二)屬「社會國家」之事材

屬「社會國家」的事材，多與政治、軍事、外交及其相關格言有關，基本上可以分爲下列四個領域來探討：

1.政治、治道

以政治或治道爲事材者，通常也爲凸顯政治思想的材料。如魏徵爲勸諫太宗所上奏的〈諫太宗十思疏〉，其所列舉的十項君王之思，正透露著魏徵的政治主張。其言：

君人者，誠能見可欲，則思知足以自戒；將有作，則思知止以安人；念高危，則思謙沖而自牧；懼滿溢，則思江海下百川；樂盤遊，則思三驅以為度；憂懈怠，則思慎始而敬終；慮壅蔽，則思虛心以納下；想讒邪，則思正身以黜惡；恩所加，則思無因喜以謬賞；罰所及，則思無因怒而濫刑。

從這「十思」的內容看來，他勸君王治國應以民爲本，以「知止」、「謙沖」、「節度」、「執中」爲最高的施政原則，正可見出魏徵兼融儒、道的政治主張。而「十思」包含了君王的個人修養與施政態度，不僅是對症下藥，更能見出魏徵勸諫的苦心。具體的「十思」，更印證了作者抽象的政治哲學。

著名的政治家曾國藩，是清代後期少有的軍事與政治的人才，也是以儒者身分爲清廷建立不朽功業的中興名臣。他所作的〈原才〉一文，正是探討人才與國家社會的關係。文中說明了人才的根源在於社會風俗，而社會風俗的趨向，則取決於在上位「一、二人心之所向」。他比較了古今社會環境的差異，並點出人才培育的不同。其言：

先王之治天下，使賢者皆當路在勢；其風民也皆以義，故道一而俗同。世教既衰，所謂一、二人者不盡在位，彼其心之所嚮，勢不能不騰為口說而播為聲氣，而眾人者勢不能不聽命而蒸為習尚，於是乎徒黨蔚起，而一時之人才出焉。有以仁義倡者，其徒黨亦死仁義而不顧；有以功利倡者，其徒黨亦死功利而不返。

先王之盛世，「一、二人」之賢者有絕對的行政權，故能主導社會風俗，使人才的培育呈現「道一而俗同」的現象；世教既衰，賢者不再握有權勢，於是藉由著書、立言來傳達自己的主張，以至於百家爭鳴：以仁義爲倡者，其所培育的人才亦以仁義爲宗；以功利爲倡者，其所培育的人才亦以功利爲尚。作者比較了古今培育人才的不同，目的在說明「一、二人心之所向」對於培養人才的影響，也藉此强調，凡有權勢者，皆應負起培養人才的責任。從凸顯義旨的角度來看，這段事材的安置是相當重要的。

2.軍事、外交、謀略

前述的政治與治道是屬於「對內」的事材，而軍事、外交與謀略則爲「對外」的材料。這類「對外」的事材所凸顯的義旨範疇則更爲廣泛。就「軍事」而言，我們可舉〈張中丞傳後敍〉爲例。文中有一段論述張巡、許遠死守睢陽的軍事意義寫到：

二公之賢，其講之精矣。守一城，捍天下，以千百就盡之卒，戰百萬日滋之師，蔽遮江、淮，沮遏其勢。天下之不亡，其誰之功也？當是時，棄城而圖存者，不可一、二數；擅彊兵，坐而觀者，相環也。

睢陽城終究抵不過强大的敵軍而淪陷，後世之人也苛責二人死守不力。然韓愈從軍事戰略的角度重新評價，認爲張、許二公死守睢陽，延後了敵軍向江、淮地區進攻的時間，使唐朝當局得以集結各地兵力，從容備戰，保住了唐室的半壁江山，以喘息之機向安史亂兵反擊，可見張巡、許遠仍有功於朝廷，不可用成敗來論其功過。韓愈提出這項論據，不僅駁斥了當時士大夫對張、許二公的批評，同時也襯出安史之亂中「棄城而圖存者」與「擅彊兵，坐而觀者」的昏憒行徑。這段軍事戰略的論述，對於作者爲二公辯誣的動機，起了莫大的效用。

就「謀略」而言，蘇軾的〈留侯論〉曾以這類事材來批判留侯「不能忍」的過失。其言：

子房以蓋世之才，不為伊尹、太公之謀，而特出於荊軻、聶政之計，以僥倖於不死，此固圯上之老人所為深惜者也。

伊尹、太公爲商周的開國名臣，其深謀遠略，足以攘除暴虐之君，建立不朽功業；而荊軻、聶政乃一介武夫，其狙殺暴君，僅可阻遏一時暴行，卻無濟於社稷民生。一爲深廣的謀略，一爲短淺的計策，二者成敗異變，實不可同日而語。作者同時比較了兩類史事，凸顯了留侯的過失，也褒貶其前後兩種截然不同的行事風範。

軍事、外交與謀略等事材，在性質上極爲相近，故有些文章則是三者聯用的。如蘇洵的〈六國論〉即是著例。文中在論述燕、趙、齊對於秦國的策略，說趙國則云：

> 趙嘗五戰於秦，二敗而三勝；後秦擊趙者再，李牧連卻之；洎牧以讒誅，邯鄲為郡，惜其用武而不終也。

此爲「軍事」。說齊國則云：

> 齊未嘗賂秦，終繼五國遷滅，何哉？與嬴而不助五國也。五國既喪，齊亦不免矣。

此爲「外交」。而燕趙並論則云：

> 燕趙之君，始有遠略，能守其土，義不賂秦。是故燕雖小而後亡，斯用兵之效也。至丹以荊卿為計，始速禍焉。

此爲「軍事」、「謀略」。三種事材的性質雖有不同，卻同爲說明燕、趙、齊政策之得失，也爲了印證「賂秦」政策之不可爲。作者在論證中所引用的事材，是頗具有說服力的。

3.史事

以「史事」作爲材料，通常用於印證事理，或用以說明事件的原由。這類事材以論說文和記敍文最爲常用。如黃宗羲的〈原君〉，曾批判後世陋儒推崇君權之舉，並引用了湯、武革命與伯夷、叔齊的史跡作爲例證。其云：

> 小儒規規焉，以君臣之義無所逃於天地之間，至桀、紂之暴，猶謂湯、武不當誅之，而妄傳伯夷、叔齊無稽之事；乃兆人萬姓崩潰之血肉，曾不異夫腐鼠。豈天地之大，於兆人萬姓之中，獨私其一人一姓乎？是故，武王，聖人也；孟子之言，聖人之言也。後世之君，欲以如父如天之空名，禁人之窺伺者，皆不便於其言，至廢孟子而不立，非導源於小儒乎？

本段文字運用夾敍夾議的筆法，以爲後世小儒的兩項觀點有不當之處：一是湯、武不當誅殺暴虐之桀、紂，二是妄傳伯夷、叔齊無稽之事。然而，陋儒的淺見，終究比不上聖賢之言，作者援用這兩件史事，目的就在反證孟子的觀點：所謂「聞誅一夫紂矣，未聞弒君」（《孟子・梁惠王下》）才是作者所要支持的論點，並藉此批判陋儒「絕對尊君」之非。其引史事以印證事理的現象非常明顯。

在記敘文中，史事的描述則多爲交代原由。如陳冠學先生所寫的〈福爾摩沙〉一文，就引用葡萄牙人發現台灣的史事，來說明「福爾摩沙」一名的來由。其內容寫到：

> 一五一四年葡萄牙人東來貿易，一五四五年其貿易拓展到日本。他們的商船初次由澳門開往日本，途經台灣，看見島上崇山峻嶺，儼若天城，植物蓊鬱，宛若碧玉，不由齊聲歡呼：Ilhas Formosas！（啊，美麗之島！）台灣遂自此以「福爾摩沙」之名見知於全世界。

台灣的別稱有許多種，如「蓬萊」、「瀛州」、「夷州」、「流求」等稱呼，作者卻獨鍾於「福爾摩沙」之名，並特別安置了這段史事來加以說明，其主要原因就如同作者所言，每當人們提起福爾摩沙時，心中多少會存有讚美與嚮慕，而這份讚慕之情來自於原始的台灣風貌，相較於文末所描述的台灣現況，實有天壤之別。從「福爾摩沙」到現在爲世人所指稱的「貪婪之島」，誰會相信四百多年之間，台灣的自然風物竟有如此大的變異！作者的「熱淚盈眶」不是沒有道理，而其所引用的史事，不僅說明台灣曾有美麗的過去，也傳諸世人必須用心去愛惜這塊土地的殷切期盼。

4.格言

以格言來印證事理，可說是議論文字中最常見的現象。在古今範文，也最容易發現這種事材。本節專就「社會國家」方面的格言來談，如錢公輔爲表彰范仲淹而寫的〈義田記〉，就引用了孟子之言來凸顯范公的義行。其內容寫到：

> 孟子曰：「親親而仁民，仁民而愛物。」晏子為近之。今觀文正公之義田，賢於平仲，其規模遠舉，又疑過之。

作者在這段文字之前，描寫了春秋時期齊國大夫晏子周濟族人的事跡，他引用孟子的言論，目的在串連晏子之舉與范公的義田，同爲儒家「推愛」思想的具體實踐，而范公的「規模遠舉」，則又超越晏子。對於儒家「淑世」的政治理想而言，范公所設置的「義田」則更貼近其道。作者引孟子之言的用心，可見一斑。

又如蘇洵的〈六國論〉也曾援引縱橫家言，以印證六國賂秦之失。他寫到：

古人云：「以地事秦，猶抱薪救火，薪不盡，火不滅。」此言得之。

這是作者引用《史記・魏世家》中蘇代告魏安釐王之語，其用「抱薪救火」來形容六國賂秦的愚懦，實在非常貼切；也說明了秦國志在兼併天下，不到六國破滅絕不終止，六國之君若想利用區區之土地來免除攻戰，是無法滿足秦國的野心。這段名言用來印證賂秦之非，是具有相當大的說服力的。

二、物材的種類

物材所涉及的種類相當廣泛，一般可用「自然之物材」與「人文之物材」兩大範疇來概括。如山川、氣候及自然界的動、植物等，皆屬自然之物；而人物的形貌言動、房舍、建築、生活器具，乃至於服飾、裝扮，甚或人們所創作的詩歌篇章等，皆爲人文之物。以下就辭章中常見的物材種類，分別舉例說明之。

㈠屬「自然」之物材

自然與人類有非常密切的關係，也一直是人類求取物質與精神的主要來源。東漢經學大師兼文字學家許慎曾說：

> 古者庖羲氏之王天下也，仰則觀象於天，俯則觀法於地，視鳥獸之文與地之宜，進取諸身，遠取諸物，於是始作易八卦，以垂憲象。（《說文解字敘》）

姑且不論伏羲畫卦的眞僞，我們卻可以從這段敍述知道，人類創造文字的靈感來自於自然。同理可知，辭章的創作則有更多的部份是取材於自然的。因此，藉由自然之物來凸顯文章的義旨，是作家必然要走的途徑。茲以常見的自然之物，舉例說明如下。

1.日月山川

作家以「山川」作爲傳達義旨的物材，通常是用寫景的方式呈現。而描寫山川之景所傳達的意象，通常也蘊含著悠遠或壯闊的心境。如王維的〈山中與裴秀才迪書〉就運用自然景物的描寫，來表達內心的悠閒與寧靜，也藉此向裴迪傳達邀約相遊之意。文中描繪了兩幅輞川的山水：一是眼前的冬夜之景，他寫到：

> 北涉玄灞，清月映郭。夜登華子岡，輞水淪漣，與月上下。寒山遠火，明滅林外。深巷寒犬，吠聲如豹；村墟夜舂，復與疏鐘相間。

另一幅是心中期待的春景。他說：

當待春中，草木蔓發，春山可望，輕儵出水，白鷗矯翼，露濕青皋，麥隴朝雊。

這兩段文字的描寫，雖有涉及人文與動、植物等物材，但從其山川的描繪部分看來，確實足以展現王維的幽趣襟懷與期待同遊的心情，也透露了作者對於自然機趣的深刻領悟。

再如蘇轍的〈黃州快哉亭記〉，有一段文字描寫長江江勢的變化寫到：

江出西陵，始得平地，其流奔放肆大。南合沅、湘，北合漢、沔，其勢益張。至於赤壁之下，波流浸灌，與海相若。

其描繪長江三變，可謂層次分明。而作者以雄放的筆勢描寫江流的開展，不僅介紹了黃州快哉亭周遭的勝景，也傳達了深刻的象徵意義。教科書中所謂「象徵著豁達通透的人生，來自於高遠的眼界和開闊的胸襟。」（三民－一，頁五七）分析得相當中肯。由此可知，作者在篇首安置這段長江水勢的描寫，是具有呼應主旨的作用。

2.動、植物

有關動、植物的描寫，或藉其特性來象徵事理，或寫其神態來營造情境。如荀子〈勸學〉篇所說的「蒙鳩」、「射干」、「蓬草」、「麻」、「螣蛇」、「梧鼠」、「蚯螾」、「螃蟹」等物，都是用其特質來印證學習之理。其主要的意義容下節再詳述之。至於情境的營造，可以用陶潛的〈桃花源記〉來說明。其文中敘述漁人發現桃花源的經過，就有一段鮮明的描述寫到：

> 忽逢桃花林，夾岸數百步，中無雜樹，芳草鮮美，落英繽紛。

簡鍊的筆調，卻傳達了無限的嚮往之情。引人入勝的，應是那一片「芳草鮮美，落英繽紛」的桃花林所帶給人的感動。而在鍾理和的〈做田〉一文中，同樣運用鷂鷹攫取獵物的神態來營造情境，其文寫到：

> 鷂鷹在人們的頭頂的高空處非非非地鳴叫著，展開了大如車輪的勁翼畫著圓圈，一邊向著藏了野物的大地覓取自己所需要的東西，那是一條蛇，或一隻死野鼠。在這樣的時候是很豐富的，祇在田塍土、草叢裡、或小坡上。牠們在半天裡翱翔著、找尋著，

小腦袋機警地時而向左，時而向右地注視下面，忽然，牠猛的一擺身，以雷霆萬鈞之勢俯衝直下。再飛起來時，牠的腳邊則已抓著一個很長的東西了。那是蛇。牠於是朝著山崖或樹林飛去。

細緻而柔和的筆調，把鴿鷹的神態描繪得相當鮮活，而鴿鷹能在田野之間恣意地翱翔，恣意地獵物，正代表著人類與自然之間的和諧，作者所要表達的情境，也正是一個「快樂而和諧的旋律」。鴿鷹所營造出的自然氣息，與農夫做田的景象互相結合，確實讓我們看見一幅活潑而快樂的農家工作圖景。

上述兩篇作品都藉由動、植物的描寫營造了動人的情境，均能發揮極大的感染力，進而凸顯作者所要表達的主旨。

3.季節、氣候

「季節」與「氣候」對於人類的影響，遠較於「日月山川」來得直接而深入，用來作為辭章的材料，則營造出不同的感染力，故須分別探討。有關於季節、氣候方面的物材並不多見，但仍可在高中課文中找到。如陳芳明先生所寫的〈深夜的嘉南平原〉，是一篇思念故鄉的作品，他以擬人的筆法，寫下有關季節的描述。他說：

你應該知道這是五月。蛙在田裡繁殖，魚在水底受精。……在大雪之後，春分之前，就有一朵花來向我預告生命的滋長，那是今年來得最早的喜訊，我願意把那朵花當作你我的信約；不，就當作你給我的信息。

飄著南風的五月，和大雪紛飛的寒冬，是兩種截然不同的季節。季節的轉換，也牽動了時空的遷移，這些物象交錯在作者夢醒之後的牽縈，也表現了作者思鄉的複雜心情。我們在作者詩化的語言中，不僅感受到視覺給予我們的悸動，也彷彿引發了嗅覺與觸覺的感受，因爲種種感官知覺的錯雜，使得季節所營造的情境更具感染之效，則作者的思鄉之情便自然地撼動人心了。

同樣是詩化的散文，余光中的〈聽聽那冷雨〉則有一段氣候的描述，頗爲耐人尋味。他說：

二十五年，一切都斷了，只有氣候，只有氣象報告還牽連在一起。大寒流從那塊土地上瀰天捲來，這種酷冷吾與古大陸分擔。不能撲進她懷裡，被她的裙邊掃一掃吧也算是安慰孺慕之情。

作者藉著氣候的關連，把原本兩塊分隔的土地串連起來，也串連了彼此切割不斷的地理關係。他不說民族大義，也不牽扯意識型態，只是單純地運用氣候的關連表達了台灣與中國大陸的密切關係，同時也凸顯了作者心中對於故國的孺慕之情。這種聯想而來的物材運用，確實達到了使人認同的作用。

㈡屬「人文」之物材

「人文」方面的物材多是人為造就而成，與自然的物材相比，則少了一分自然天成，而多了「工整」與「華美」的特質，雖仍為具體的材料，卻有抽象化的趨向。然而，它在凸顯義旨的作用上，仍與自然的物材相同，唯在分類上有所差異而已。茲依類別舉例說明如下：

1.人物形貌、言動

在人文的物材中，描繪人物的形貌與言動，是最常見的材料，尤其是小說或記敘性的散文，人物的描寫常是表達其義蘊的主要途徑。以傳統的通俗小說《水滸傳》為例，高中課文選錄了「魯智深大鬧桃花村」的一段故事，其中有一段文字描繪了山賊搶親時的裝扮，寫得相當鮮活逗趣。其云：

> 只見前遮後擁，明晃晃的都是器械旗槍，盡把紅綠絹帛縛著。小囉嘍頭上亂插著野花。前面擺著四、五對紅紗燈籠，照著馬上那個大王：頭戴撮尖乾紅凹面巾，鬢旁邊插一枝羅帛像生花，上穿一領圍虎體挽絨金繡綠羅袍，腰繫一條稱狼身銷金包肚紅搭膊，著一雙對掩雲根牛皮靴，騎一匹高頭捲毛大白馬。

作者在描述山大王的裝扮時，用了極爲繁複的語言，令人讀來拗口，卻因此形成了華麗但不適用的印象。再從衣著裝扮觀之，小囉嘍們頭上亂插的野花，凸顯了他們裝扮技巧的拙劣；而山大王煞有其事地爲自己穿戴打點，更顯得格格不入。試想，一個平日不拘小節、滿臉鬍垢、滿身腥臊的賊頭，今日卻想學人扮起「新郎倌」，他那粗俗的談吐與滿腹的劣根性，如何能用拼湊式的打扮掩蓋過去呢！作者運用拗口、繁複的語言，塑造了人物的鮮明意象，卻反襯了故事主角的卑劣與愚拙。

至於有關人物言語動作的描寫，我們可再舉一篇散文來說明。如雷驤先生的〈小書〉在文末安排了一段生動的描述，也是全文的高潮之處。他寫到：

> 正當母親的腳步落在人行道邊緣的瞬間，我的心皺縮起來了——那個從巷口奔跑前來的影子，不正是那個租書人嗎？「太太」，他的聲音清楚的說：「我是出租小書的

人，您的孩子好像還有一些書沒有還來呢！」「啊——」在還沒來得及向母親解說之前，她已經從手提包裡取出一枚銀幣，放在租書人的手中，並且和悅地問：「這些——還夠嗎？」租書人吃了一驚，也和悅地說：「謝謝您，太太。出遠門嗎？一路順風了！」

作者在童年時期曾向書報攤借了幾本「小書」，卻因爲成績一落千丈而遭母親全部撕毀，以至於無法還書，好不容易捱到全家即將搬離家鄉，卻仍擔心租書的老闆在離家的最後一刻前來索賠，於是有這段情節。文中描繪母親俐落地掏出銀幣以抵還欠書，租書人的言語動作則由直接而轉爲和悅，作者當時小小的心靈也隨著起起落落，我們可以藉由文字的描述，深切地感受到作者心中的波濤洶湧，這也是本文在描寫人物言動所產生的最佳效果。

2.房舍、建築

同樣是房舍、建築，有的可以營造華麗的情境，有的則能反襯出陰沈晦暗的意象。舉例來說，宋代林景熙所作的〈蜃說〉一文，是描述他在浙東海濱所見的海市蜃樓的奇景，並藉此文，抒發他對於人事滄桑、繁華如夢的感慨。因此，他在描繪蜃樓的奇景之後，復舉出歷代的豪華宮殿，以作爲論證之用。他說：

> 秦之阿房，楚之章華，魏之銅雀，陳之臨春、結綺，突兀凌雲者何限！運去代遷，蕩為焦土，化為浮埃，是亦一蜃也。

作者所舉的這些豪華宮殿，確實是各朝最爲華麗雄偉的建築，也曾經是當朝權力與富貴的最佳象徵，然而運去代遷，曾爲華麗的雄偉建築，今天多化爲塵土，僅留於文字或圖畫中供人憑弔而已。作者以爲高聳入雲的建築，終因朝代的更替而趨於沒落，其今昔的强烈對比，與所見的海市蜃樓並無二致，可見其感慨至深。他所列舉的歷代建築，雖營造了一個華美的意象，實質上卻是在反襯世事滄桑、繁華如夢的感慨，而從其秦、楚、魏、陳的敘述筆調看來，感慨王朝更替的背後，似乎也隱含著自己身歷亡國的痛楚。

同樣是建築物的描寫，郭鶴鳴先生的〈幽幽基隆河〉，有一段文字所描寫的房舍建築，卻透露著陰沈晦暗的意象。他敘述基隆河在平溪一段的景象寫到：

> 坐落在河旁的煤礦廠，取上游清新鮮潔的河水來洗煤，而報之以汙穢渾濁。排放的髒水，在河中翻滾成一條條黑黑褐褐的毒龍。而河床上礦渣山積，垃圾成堆。岸上有成排成列的雞籠，籠邊散落一簇簇的雞毛、雞糞以及零零碎碎的內臟，在嗆人的生煤味裡特別腥臭撲鼻，中人欲嘔。伸出河堤的一根一根管子，家家戶戶的汙水由此排出，

河中破雨傘、塑膠袋載浮載沈，河水所經，那大大小小的石頭不是蒼綠如茵的鮮苔，竟是油滑垢膩，如一頭頭面貌猙獰、正待攫人而噬的水怪。

作者提到，天眞未鑿的基隆河，帶著豐盈飽滿、清純可愛的生命氣息，流到了這個人煙漸密、汚染漸多的平溪鄉，於是逐漸失去其原有的清澈，煤礦廠、養雞場以及河岸的住戶，正是汚染基隆河的元凶，從文字的描寫中，作者營造了一個令人怵目驚心的景象，也傳達了對於基隆河漸失本眞的無限慨嘆。

3.生活器具

生活器具的範疇相當廣泛，舉凡食、衣、住、行、育樂等相關的民生用具，皆涵蓋其中。其物雖小，但與人的生活密切關連，故運用在文章的材料中，也能以其熟悉的特性而引發共鳴。如李斯的〈諫逐客書〉除了列舉史事以闡發事理之外，更利用秦王日常生活的器具來印證其事。他說：

今陛下致昆山之玉，有隨和之寶，垂明月之珠，服太阿之劍，乘纖離之馬，建翠鳳之旗，樹靈鼉之鼓。此數寶者，秦不生一焉，而陛下說之何也？

作者所列舉的寶物，雖傳自於天下各方，亦皆秦王平日所見所用之物，在秦王眼中，這些生活上的器物頗不起眼，李斯卻能強調他們的特質，激發了秦王的省思。由此觀之，秦王日常的生活器具都希望是天下質地最佳的產品，更何況是人才呢！作者以平實之物印證深切之理，眼力著實不凡。

故知日常生活的小事物，仍可引伸出大道理。又如〈諫太宗十思疏〉也引用了生活器具來論證君王之治道，其言：

> 怨不在大，可畏惟人。載舟覆舟，所宜深慎；奔車朽索，其可忽乎！

文字中的「舟船」、「車索」皆爲日常生活的交通器具，其所引伸的道理卻非常深刻。作者以水喻民，以舟船喻君，水能載舟，亦能覆舟，執政君王焉可不愼！如果輕忽這種力量，便如同狂奔的馬車上所捆綁的腐朽繩索一般，其危險的狀況不言而明。作者以生活器具爲喻，足以引發太宗的深思，確實可以達到勸諭的效果。

4.詩歌、詩篇

詩歌「抒情言志」的效果非常明顯，故寫作散文、小說的作家，也喜歡引用詩歌或詩篇來增加其論事或抒情的感染力。如蘇軾的〈赤壁賦〉，曾用兩段詩歌來表達意境，一是蘇子與客在赤壁之下所吟誦的辭賦。他寫到：

於是飲酒樂甚，扣舷而歌之。歌曰：「桂棹兮蘭槳，擊空明兮泝流光，渺渺兮予懷，望美人兮天一方。」

蘇子與客在赤壁泛舟之時，本是悠遊自在、忘懷俗事的心境，而辭賦的內容卻是由喜轉憂的情感，也因此引發客人吹奏出「如怨、如慕、如泣、如訴」的簫聲，從而帶出客人對人生須臾的悲嘆。由此可知，這段辭賦具有聯繫悲喜兩種情境的作用。其後在客人的悲嘆之詞中也援引了曹操的詩歌，其言：

「月明星稀，烏鵲南飛」此非曹孟德之詩乎？

則在凸顯曹操「釃酒臨江，橫槊賦詩」的豪邁之氣。然而世異時移，當年不可一世的英雄，如今亦灰飛湮滅，無怪乎客人有「哀吾生之須臾，羨長江之無窮」的慨嘆。其引曹操之詩，目的就在表現這一層慨嘆之情。

至於只提詩篇之名，而不引其內容者，也是散文作家常用的筆法。如朱光潛的〈我們對於一棵古松的三種態度〉一文，就有一段文字寫到：

> 許多轟轟烈烈的英雄和美人都過去了，許多轟轟烈烈的成功和失敗也都過去了，只有藝術作品是真正不朽的。數千年前的〈采采卷耳〉和〈孔雀東南飛〉的作者還能在我們的心裡點燃很強烈的火焰，雖然在當時他們不過是大皇帝腳下的不知名的小百姓。

文字中所提的詩經及樂府詩歌，就是作者認爲的藝術作品，它們是永傳不朽的。而這些詩篇並沒有實用的價值，只是它們所述及的內容與心境，仍符合人們的美感經驗，這才是作者所要強調的重點，也是他提出這些詩篇以做爲證據的主要原因。

5.衣物、首飾

以衣物、首飾來傳達作者的意念或情感，常會有一種親切的情境。擅長寫抒情散文的作家琦君，就常用生活中的衣物或首飾來象徵各種情感，如〈一對金手鐲〉中的手鐲，就象徵著她與異性姊妹阿月之間的情感。而文中有一段文字，敘述她們再次重逢互贈禮物的情景，禮物的內容則有更深的含意，她說：

……彼此互贈了好多禮物：她送我用花布包著樹枝的坑姑娘（鄉下女孩自製的玩偶）、小溪裡撿來均勻的圓卵石、細竹枝編的戒子與項圈；我送她大英牌香煙盒、水鑽髮夾、印花手帕；她教我用指甲花掏出汗來染指甲。

阿月所送的禮物，都是鄉間撿拾而來或自製的；而作者送她的禮物，則是城市中最時髦的個人首飾。文中沒有進一步說明禮物的差異，但是作者離鄉讀書多年來，已和阿月漸行漸遠，再加上身分的差異，兩人的命運已有顯著的不同。作者在文中特別提出互贈的禮物，其實就象徵著這種微妙關係的改變，讓我們在閱讀時，除了一分親切之外，還能感受到作者的惆悵之感。

又如蕭蕭所寫的〈穿內褲的旗手〉，文中有一段描寫內衣、內褲的文字，讀來頗爲親切自然。他說：

那時幾乎每個人都赤著腳的，每個男人都只穿著一件內衣、一件內褲。內衣通常是以美援的麵粉袋縫製，或者以「硫安」袋。硫安是一種肥料，菜蔬瓜果都要施放硫安，每戶農家總會有幾個裝硫安的布袋，洗淨以後，可以裁成小男孩的內衣，胸前剛好是拳頭那麼大的兩個字「硫安」，打躲避球時，穿這種內衣的人歸成一隊，稱為「硫安隊」。另外一隊是「麵粉隊」，胸前印有中美兩國國旗，兩隻緊握的手；從背後望去，隱約可以看到一排小字「淨重二十公斤」。……我們穿褲子，那時在鄉下，通常只穿內褲，很少人穿外褲，特別是夏天，青色的四方形內褲，寬寬大大，爸爸這樣，小孩這樣，每個男人都這樣穿著。卡其長褲要等很冷的冬天才加穿上去，要等結霜或過年的時候才配上布鞋。一年有十個月我們只穿青色的內褲上學，大庭廣眾，升旗臺前，就是這樣的一身尷尬模樣，但是我們仍然嚴肅地唱「三民主義」，升旗。

作者運用逗趣而細緻的筆調，描繪那用麵粉袋及硫安袋作成的內衣，透露著五〇年代台灣人民生活的困苦，然而他們仍舊苦中作樂，還會穿著不同物品再製而成的內衣來分隊打躲避球。一件麵粉袋作的內衣，一條青色的四方形內褲，讓我們想像那一幅在陽光下揮汗賽球的泛黃照片，記錄著父執輩在窮苦年代所作的努力與成果。作者的回憶蘊含許多的親切與溫馨，而那一套內衣褲正是最好的素材。

材料種類的繁多，不勝枚舉，本節僅以常見的事材與物材來說明篇章情意與材料之間的關係。綜上所述，確實可以印證，儘管材料的種類包羅萬象，其存在於辭章中的主要目的，就在表達作者的情感與思理，進而彰顯篇章的義旨。因此，我們可以深入探討材料在辭章中的具體作用，以從另一個角度去說明義旨與材料之間不可分割的關係。

第二節　材料的作用

材料的種類既如前述之多，則必有表達作者抽象思維的具體效果，更具有彰顯文章義旨的效用。而一篇文章所運用的材料，未必完全用於印證主旨，尤其以小說、散文爲形式的作品，其所包含的材料更是千變萬化，每一種材料的作用也不盡相同，或凸顯人物的特色，或印證事物的道理，或作爲事物的象徵，或表明作者的心志，或增強文章的感染力，或藉以交代故事的情節。作者就是藉由運材的作用，不斷地向主題靠攏，進而彰顯出辭章的主要義旨。因此，在瞭解材料的種類之後，進一步歸納材料的作用，則可以更深入瞭解作者的意圖，對於義旨的檢視，也有正面的助益。以下就材料的主要作用分項舉例說明。

一、凸顯人物的特色

作家在展現人或物的特質時，不用直接摹寫的方式，而利用具體材料來凸顯人物的特色，如此可以引領讀者深入人物的特質當中，以領會人物所透露出來的義旨。一般而言，可藉由「事材」和「物材」兩類來凸顯：

(一)以「事材」來凸顯

敍述一件事情的始末或某些人物的生平軼事，確實可以凸顯人物的特質。例如〈燭之武退秦師〉一課，在描述燭之武遊說秦穆公退兵的一段文字當中，運用了國際間的現實利害與秦、晉的歷史恩怨，以委婉中肯的言詞，緊緊抓住穆公想要圖利中原的心理，不僅使秦兵退出鄭國，更與鄭國結盟，協助抗晉。文中「越國以鄙遠」道出了地理位置上對秦國的不利，而「舍鄭以爲東道主」則提供了秦國有利的條件；此外，晉惠公當年「朝濟而夕設版」的背義行爲，可說是秦穆公心中的最痛，燭之武輕輕挑起穆公的痛楚，然後點出晉國想要擴張領土的野心，可謂正中要害，達到了說服秦國退兵的目的。《左傳》在描述燭之武遊說的過程中，表現了遊說者從容不迫的神態，更展現其宏深的識見與動人的辯才，更凸顯了燭之武在用智與勸說的積極表現。

運用事材來凸顯人物的特質，是史傳散文常用的技巧，《左傳》用生動的筆調，讓歷史人物躍然紙上，可說是相當成功的。而司馬遷的《史記》繼承了史傳散文的優良傳統，對於人物的描寫著力更多，他利用事件的推演來凸顯人物特質的筆法，與先秦的史傳散文比較起來，更不遑多讓。如高中教材從《史記．項羽本紀》中節錄的〈鴻門宴〉一文，描寫楚漢兩個陣營的文攻武略及雙方謀士的互相較勁，其中以張良和樊噲的形象最爲生動。文中敍述張良在獲知項羽準備利用鴻門宴來狙殺劉邦，隨即利用昔日的情誼來博取項伯的同情，並告誡劉邦務必保持謙卑的態度，以免與項羽針鋒相對，而項伯果然在鴻門宴中挺身而出，阻止了項莊欲狙殺沛公的意圖，可說是張良預埋在宴席中的一顆成功的暗棋，事件的過程足見張良是個善於擘畫謀事的奇才。文末更描述沛公在倉促離去之際，張良不忘提醒沛公拿出欲獻貢的璧玉，以作爲平息項羽怒氣之用，也爲自己找到免於殺身的護身符，這雖然是次要的情節，卻也凸顯出張良縝密的思維。

本文所描寫的另一個重要人物是樊噲。文中描寫他「帶劍擁盾入軍門」的過程，對於他超人的勇略與事主的忠誠，已經刻畫得相當生動，而斥責項羽的慷慨陳詞，更是痛快淋漓。他對項羽說到：

臣死且不避，卮酒安足辭？夫秦王有虎狼之心，殺人如不能舉，刑人如恐不勝，天下皆叛之。懷王與諸將約曰：「先破秦入咸陽者王之。」今沛公先破秦，入咸陽，毫毛不敢有所近，封閉宮室，還軍霸上，以待大王來。故遣將守關者，備他盜出入與非常也。勞苦而功高如此，未有封侯之賞；而聽細說，欲誅有功之人，此亡秦之續耳！竊為大王不取也。

樊噲在激辯中不僅爲沛公入咸陽以來的所作所爲找到了正當性，也駁斥了項羽的行徑如虎狼之秦，其縝密的辯辭與咄咄逼人的氣勢，更使項羽無言以對。整個衝突的過程安排了這段議論，凸顯了樊噲的才能，不僅表現在勇力上，其果斷的性格與宏深的智謀也毫不遜色。由於漢陣營的人才濟濟，個個竭忠盡智，更反襯了項羽的昏憒與自是。項羽坐失狙殺沛公的良機，也因爲這關鍵時刻的失敗，喪失了辛苦打造的半壁江山。司馬遷藉用各種事材凸顯了人物的特色，也間接襯出了本文的主旨。

「人物」是史傳散文中的主體，在小說中更是不可或缺的要素之一。我們可以看到許多透過軼事的描述來凸顯人物特質的作品，如魯迅的〈孔乙己〉即是著例。全文透過一個酒店伙計的觀點，來描述孔乙己的生活軼事。他除了描述孔乙己的外貌、穿著與名號之外，更藉由事件的描述，逐漸拼湊出孔乙己的人格特質：說他潦倒仍不拖欠酒錢，表現了他讀書人的一點矜持；說他與伙計談「回」字的四種寫法，襯出他天眞而熱心的性格；敍述他與孩子爭吃豆子的情節，更展現他逗趣的一面；其後說到他因偷東西而遭人打斷了腿，用手爬行到酒店的經過，看來淒涼，卻也凸顯了因小失大的短視與任人欺壓的卑屈。孔乙己是作者虛構的一個人物，透過其周遭事件的描述，確實造就了一個生動的人物形象，也藉此影射整個中國民族的病根，這正是作者創作此篇的主要動機。

㈡以「物材」來凸顯

描寫景物的風貌或人物的言動，也具有凸顯人與物的作用。比較常見的是「以物顯物」和「以物顯人」兩種型態。如酈道元的〈水經江水注〉一文所描寫的三峽，就是藉春冬與夏季之景的對比，來凸顯三峽景色的多變，可說是「以物顯物」的典型。其文中寫到：

至於夏水襄陵，沿溯阻絕；或王命急宣，有時朝發白帝，暮到江陵，其間千二百里，雖乘奔御風，不以疾也。春冬之時，則素湍綠潭，回清倒影。絕巘多生檉柏，懸泉瀑布，飛漱其間，清榮峻茂，良多趣味。

作者選取了夏季豐沛而湍急的水文與春冬的素湍綠潭兩種材料，展現了三峽中的陽剛之美與幽寂之趣。描寫這兩種截然不同的風貌，便自然而然地透露出三峽景致的多變性。

至於「以物顯人」的型態，是指運用他物或人物本身的言動來凸顯其特質。如〈留侯論〉一文曾比較劉邦與項羽的性格，以襯出張良能忍的特質。其云：

觀夫高祖之所以勝，而項籍之所以敗者，在能忍與不能忍之間而已矣。項籍唯不能忍，是以百戰百勝而輕用其鋒；高祖忍之，養其全鋒以待其弊，此子房教之也。當淮陰破齊而欲自王，高祖發怒，見於詞色。由此觀之，猶有剛強不忍之氣，非子房其誰全之？

此段點出了高祖與項羽成敗的關鍵在於「能忍與不能忍」，而高祖之「忍」又得之於張良的教導。作者比較了三者的氣度與修養，張良堅忍的性格自然不言而喻。

借用外物來凸顯人的特色，也是作家常用的方法。如王安石的〈祭歐陽文忠公文〉在描寫歐陽脩的人格時寫到：

其積於中者，浩如江河之停蓄；其發於外者，爛如日星之光輝；其清音幽韻，淒如飄風急雨之驟至；其雄辭宏辯，快如輕車駿馬之奔馳。

作者運用「形象化」的技巧，選用了許多物材，用「江河之停蓄」以表現歐陽脩內在的氣度，用「日星之光輝」以表現歐陽脩外放的神采，用「飄風急雨之驟至」以表現歐陽脩婉轉多姿的詩詞，用「輕車駿馬之奔馳」以形容歐陽脩雄辭宏辯的散文。使原本抽象的人格特質，因具體的物象而凸顯出來。這就是「以物顯人」的最大作用。

在小說中的人物描寫上，也常見這種筆法。以吳敬梓的〈范進中舉〉爲例，文中所描繪的胡屠戶一角最爲傳神。作者沒有直接描述他的性格，而是敍述他在范進中舉前後的不同反應，以凸顯其勢利善變的醜態。文中提到范進好不容易中了秀才，胡屠戶只提著一副大腸和一瓶酒到他家裡，而且還是自己吃喝，等到范進中了舉人，胡屠戶的賀禮變成了「七、八斤肉，四、五千錢」；范進中秀才時他一面吃喝，還一面埋怨自己倒運，才會把女兒嫁給這個現世寶、窮鬼，等到范進中舉後便改口說自己的眼睛會認人，女兒畢竟要嫁個老爺。文中又提到范進向他借錢以便參加鄉試，胡屠戶更是極盡所能地羞辱：狠狠地在他臉上啐一口痰，與後來一路上替范進整理後襟的行徑成了强烈對比；說范進尖嘴猴腮，與後來所稱道的「體面相貌」截然不同；拒絕借錢給范進，說自己不如把錢丟到水裡，與後來大方地說那幾千錢只是「些許幾個錢，還不夠你賞人」形成了强烈的對比。作者透過描寫胡屠戶前後判若兩人的行徑，不僅沒有衝突矛盾，反而凸顯了他善變勢利的性格，對於展現讀書人熱中功名的醜態，也有正面强化的作用。

二、印證事物的道理

論辯性的文體，除了提出有力的論點之外，若能舉出相關的例證作爲論據，則文章才能增强說服力。換句話說，作者在闡述事理時，不用太多的言辭論辯，而是運用許多事物作爲佐證的材料，藉由事物具體而客觀的現象，以印證抽象而主觀的事理，這就是材料在論辯文中的主要作用。我們同樣可以從「事材」和「物材」兩方面來說明這種作用。

(一)以「事」爲證

敍述事件的始末或呈現事件的情況，以作爲事理的論據，通常可以引發極大的共鳴。如李斯的〈諫逐客書〉在篇首提出「吏議逐客，竊以爲過」的論點之後，就不再深入闡述，而是歷敍秦國繆（穆）公、孝公、惠王、昭王等四君的功業，歸納出「四君皆以客之功而成帝業」的結論，以反證秦王逐客之非。這些歷史是秦王所熟悉的，其利用賓客而成就功業，也是不爭的事實，所以對秦王的心理必有相當的影響。作者若從正面的論點闡述逐客之失，仍有可能引起秦王的反感；相對地，他運用了這些歷史材料，不僅迎合了秦王欲稱霸中原的心意，也印證了賓客對秦國統一天下是有利而無害的道理。作者一改常人論辯的習慣，反而使秦王心動，確實有事半功倍之效。

當然，從正面的角度來印證事理，更是多見。以韓愈的〈師說〉爲例，文中在闡述「聖人無常師」的道理時，就是引用孔子從師之事來作爲主要的論據，其言：

孔子師郯子、萇弘、師襄、老聃。郯子之徒，其賢不及孔子。

簡單的幾句話，已經把孔子「不恥下問」和積極從師問學的態度展現出來，從而引出「聞道有先後，術業有專攻」的重要觀點。韓愈選取「孔子事師」做爲材料來印證事理，是非常適當的。此外，引用格言名句作爲論證的材料，也是頗爲常見的模式。如顧炎武的〈廉恥〉，即引用孔孟之言來印證「恥」的價值。其言：

故夫子之論士曰：「行己有恥」。孟子曰：「人不可以無恥。無恥之恥，無恥矣。」又曰：「恥之於人者大矣！為機變之巧者，無所用恥焉。」所以然者，人之不廉而至於悖禮犯義，其原皆生於無恥也。故士大夫之無恥，是謂國恥。

文中連續三次引用聖賢之言，凸顯出「恥」是聖人所重視的道德修養，也印證了「恥」對於士子的重要性。作者援用孔孟之語，目的就在加强讀書人對於「恥」的重視，同時也在强調士大夫的知恥與否，與國家的興亡盛衰息息相關。如此引用語典來作爲印證事理的材料，是非常恰當的。

現代白話的論辯文繼承了古文的優良傳統，在作法上更是推陳出新，同樣引用事材來印證事理，白話散文的筆觸更具有撼動人心的效果。如鄭寶娟女士所寫的〈關掉電視〉一文，乃結合數據的呈現來作爲論據，其文章開頭寫到：

> 假如你的孩子自小就是電視迷，那麼當他長到十五歲的時候，他總共會從那一屏螢光幕上看到一萬三千個凶殺案、六千五百個搶劫案、一千七百個強姦案，和至少十一萬對裸露的乳房；而這些把戲他在家庭和學校生活中，是不會親身體驗到的。換句話說，電視節目是他關於犯罪訊息的主要來源。

從作者所呈現的駭人聽聞的數據當中，我們已經可以感受到犀利而直截的筆調所帶來的震撼，而結合數據所描述的事件，也直接傳達了一個重要訊息，讓我們自然而然地認爲電視是戕害人心的毒藥。這種客觀事實的呈現，具有相當大的說服力，同時也說明，客觀的事材比起銳辭宏辯，更足以撼動人心，成爲論辯文中的有力證據。

(二)以「物」爲證

以物材作爲論據，是論辯文選用材料的另一種模式。作者必須對萬物有深刻而整體的認識，才足以提出適用於文章的材料。在高中教材中，有許多以物爲證的文章，如荀子的〈勸學〉篇，即大量地運用物材來說明事理。其用「木直中繩，輮以爲輪，其曲中規，雖有槁暴，不復挺者」，以印證學習可以改變人性的道理；舉「蒙鳩築巢於葦苕」、「射干生長於高山」、「蓬生麻中」與「白沙在涅」等例，來强調學習環境的重要；用「肉腐出蟲」、

「魚枯生蠹」來說明物類必有所始的道理，以引出正確學習方向的必要性；而「蚯蚓」的用心與「螃蟹」的浮躁，則在印證學習必須專一的道理。荀子基於「人性本惡」的觀念，深切體認到「後天學習」對於轉化本性的重要，故寫成〈勸學〉一篇，並廣泛引用具體的物證，以說明抽象的學習之道，不僅達到勸人學習的目的，更把「學習」還原為人事的根本，對於啓發人性，確有實用性；同時廣引博喻的筆法，又具有極高的藝術價值。

又如〈典論論文〉列舉七子，形容他們「自騁驥騄於千里，仰齊足而並馳」，以說明彼此相服之難；其後再根據個人的特質，具體評論其文章的優劣，得出「七子才高，仍各有所短」的結論，從而印證文人不應「以己所長，相輕所短」的道理。如此更能佐證曹丕所提的「審己以度人」，是正確而公允的論文態度。

作家所能援用的物材，當然不止於上述諸例，有關於山川自然的萬物，更是作家最常引用的材料。如魏徵的〈諫太宗十思疏〉一文，在篇首就以川林為喻。其言：

> 求木之長者，必固其根本；欲流之遠者，必浚其泉源；思國之安者，必積其德義。……不念居安思危，戒奢以儉，德不處其厚，情不勝其欲，斯亦伐根以求木茂，塞源而欲流長者也。

自然萬物各有其生長的規律，而鞏固木根再求其茂盛、疏通泉源再求其流遠是衆所周知的現象，作者援用具體的自然之象，以引出治國之本在於德義的道理，相較於高談闊論的言詞，更具有醍醐灌頂之效，從而達到其進諫的目的。由此可見，自然界的種種規律，確實與人事相互契合，她可以印證治國之道，同樣也能引申出個人修養的哲學。如蘇軾的〈赤壁賦〉即爲著例。文中提到：

> 客亦知夫水與月乎？逝者如斯，而未嘗往也；盈虛者如彼，而卒莫消長也。

水之東流，其實只是循環往復；月之盈虧，其本體並未有所增減。我們所見到的現象是不斷在變化的，故「自其變者而觀之，則天地曾不能以一瞬」似爲眞理；如果深入探究，則宇宙的本體並未有任何消長，故「自其不變者而觀之，則物與我皆無盡也」，才是超然物外的深切體認。蘇軾以水月消長的現象，來剖析變與不變的道理，然後再歸結出順應自然、超越物外的人生體悟，目的在表現其豁達樂觀的人生態度，才足以眞正面對人生的種種巨變。就其所用的「水」、「月」之物材而言，則更能深化其哲學內涵。

三、作為事物的象徵

「象徵」是一種極爲普遍的修辭技巧。我們常透過某種意象來表達抽象的觀念、情感與看不見的事物，而這些意象是經過理性的關聯或社會的約定而成，是具體的，或看得見的。（參考黃慶萱《修辭學》，三民，頁三三七）由此可知，它們正是作者用來表達思想的重要材料。其具有「象徵」的作用，可分事材與物材兩方面來說明。

㈠以「事」爲象

以事材來作爲象徵的意象，必須合乎「自然」的原則，也就是說，要有足夠的情節或具體的描繪，使這事件有作爲象徵的足夠理由。因此，前述所謂「理性的關聯」便成爲事件作爲象徵的主要途徑。高中教材中有許多文章，就是以事件來作爲概念或情感的象徵。如〈桃花源記〉一文，雖純爲敍事，其內在所蘊含的意義則非常豐富。文中所描繪的恬然閒適的桃花源，是作者心目中的理想世界，提到這個世外之境乃先世「避秦時亂」所發現的「絕境」，而經過數百年，桃花源裡的百姓已經「不知有漢，無論魏、晋」了。在作者描繪他們「皆嘆惋」的神情時，實已反映此中人的天眞純樸，同時也襯出作者厭倦塵世的心情；文末安排了漁人「處處誌之」而徒勞，及劉子驥「欣然規往」而未果的情節，雖然令人惆悵，卻暗示著作者心中理想世界的幻滅。由此可見，陶淵明用桃花源的發現與消逝來象徵心中理想國度的嚮往與幻滅，其意圖是相當明顯的。

至於白話文的教材中，則有更多運用事材來象徵的文章。以朱光潛的〈我們對一棵古松的三種態度〉爲例，文中揭示三種職業人對一棵古松的不同看法，其言：

> 假如妳是一位木商，我是一位植物學家，另外一位朋友是畫家，三人同時來看這棵古松。我們三人可以說同時都「知覺」到這一棵樹，可是三人所「知覺」到的卻是三種不同的東西。你脫離不了妳的木商的心習，你所知覺到的祇是一棵做某事用、值幾多錢的木料。我也脫離不了我的植物學家的心習，我所知覺到的祇是一棵葉為針狀、果為球狀、四季長青的顯花植物。我們的朋友——畫家——什麼都不管，祇管審美，他所知覺到的祇是一棵蒼翠、勁拔的古樹。我們三人的反應態度也不一致。你心裡盤算它是宜於架屋或是製器，思量怎樣去買它，砍它，運它。我把它歸到某類某科裡去，注意它和其他松樹的異點，思量它何以活得這樣老。我們的朋友卻不這樣想東想西，他祇在聚精會神地觀賞它的蒼翠的顏色，它的盤屈如龍蛇的線紋以及它的那一股昂然高舉、不受屈撓的氣概。

作者特別選用木商、植物學家及畫家來表達三種看待古松的感受，實際上所表現的是三種面對人生的態度。木商的觀察，著重在古松的實用價值；植物學家則專注於古松的形狀與品種；而畫家所注意的，是那古松盤屈的線紋所展現的不凡氣概。他們所知覺的重點，正象徵著「眞」、「善」、「美」等三種不同的人生態度。作者雖然平列三種態度，然從其敘述的筆調看來，他是更偏重於美感經驗的推崇。

在記敘性的白話散文中，可以發現更多象徵的意象。如郭鶴鳴的〈幽幽基隆河〉就利用寓言故事來象徵一條河川的消長，其篇首提到：

> 曾經有一個很古老很古老的故事，不知是何許人編出來的，他這麼說：南海之帝為儵，北海之帝為忽，中央之帝為混沌。儵與忽時相遇於混沌之地，混沌待之甚善。儵與忽謀報混沌之德，曰：「人皆有七竅，以視、聽、食、息，此獨無有，嘗試鑿之。」日鑿一竅，七日而混沌死。故事說完了，接著，請讓我告訴你一條河流的生命歷程。

這個從《莊子・應帝王》篇所擷取的神話故事，本義在說明人混沌的本性是純摯無瑕的，等到有了七竅，同時也有了各種感官知覺以接收外在的訊息，卻也因此失去了原本的純眞。我們看完這個故事，再與作者所描繪的基隆河相對照，可以見出它從源頭的清澈到下游的污濁，正與故事中「日鑿一竅」的歷程相合。文中描寫的「源頭活水」如同混沌的「天眞未鑿」，而河川從平溪流經十分、瑞芳、八堵、汐止、南港、內湖以至圓山，則被「日鑿一竅」而生機殆盡。莊子的寓言故事，本身已具有深刻的象徵意義，作者又把這個寓意重新加諸於遍歷浩劫的基隆河上，使其產生雙重的象徵作用，是足以撼動人心，而其所關注的環境污染問題也由此凸顯出來。

㈡以「物」爲象

以物材來作爲事物的象徵，除了要合乎「自然」之外，更需要結合適當的意象，才能產生足夠的可信度。也就是說，作者所提出的物材，必須是所發生事實中的物件，如以「明月」代表鄉愁，則要合乎當下的情境，才能營造適當的意象，以表現完整的概念，進而正確傳達辭章的義蘊。因此，物材所產生的象徵效果，是我們探索義旨時所必須注意的重點之一。以〈岳陽樓記〉爲例，范仲淹在文中所描寫的雨景和晴景，實代表著遷客騷人的兩種心境，其云：

若夫霪雨霏霏，連月不開；陰風怒號，濁浪排空；日星隱耀，山岳潛形；商旅不行，檣傾楫摧；薄暮冥冥，虎嘯猿啼。

其後又寫到：

至若春和景明，波瀾不驚，上下天光，一碧萬頃；沙鷗翔集，錦鱗游泳，岸芷汀蘭，郁郁青青。而或長煙一空，皓月千里，浮光耀金，靜影沈璧，漁歌互答，此樂何極！

這兩段文字是作者對於洞庭湖「氣象萬千」的具體描寫，也是藉事抒情的重要材料。因此登樓見到雨景，則有「滿目蕭然、感極而悲」的襟懷；而晴景所傳達的則是「心曠神怡、其喜洋洋」的心境。當然，文中所表達的心境只是現實的意象，從更深一層的意義來說，雨景與晴景所象徵的應是人生的逆境與順境。如此才能與作者所謂的「不以物喜，不以己悲」的人生態度相互結合，從而引出他「先天下之憂而憂，後天下之樂而樂」的偉大胸襟。從其選用的材料與義旨的關係看來，這兩種景物確實具有深層的象徵意義。

現代的白話文作品中，運用物材的象徵技巧更是頻繁。就現代散文而言，如琦君的〈一對金手鐲〉，敍述她與異性姊妹阿月之間的離合，就是以「金手鐲」來象徵二人恆久的友情與親情，同時也見證了人生際遇的無可奈何。

就現代小說而言，可以賴和的〈一桿「稱仔」〉爲例。「稱仔」就是「秤」的意思。小說的內容是在敍述台灣農民秦得參賣菜時受到日本警察欺壓凌辱的經過，寫他辛苦借來的謀生工具——一桿稱仔被沒收破壞，自己也被拘禁、罰款，最後在忍無可忍之下，憤而反擊，然後自殺。「秤」是衡量東西的最好憑證，向來是公平、客觀的象徵，從小說的情節看來，「稱仔」在這個故事中也蘊含此義；而故事中的日本警察則代表著破壞公正的力量。作者就是藉由這些象徵來反諷當時執法者的失衡失準及統治者的不公，其使用「一桿稱仔」作爲小說的標題，更足以凸顯作者的這種意圖。

就新詩而言，這種文類本身就具有晦澀的特質，而物象所象徵的概念或情感更常是作品的主要靈魂。如鄭愁予的〈錯誤〉是一首融匯古今風格的作品。全詩藉由旅客的視角，描寫閨中思婦等待愛人而不從所願的心情，其所運用的物材相當豐富，也具有非常明顯的意象，都足以襯出思婦的複雜心境。如「東風」、「跫音」象徵思念的情人，「三月的柳絮」及「春帷」所表達的是思婦等待的心情，而「寂寞的城」、「緊掩的「窗扉」則把思婦的失望之情表現得非常極致。當達達的馬蹄聲來來去去，思婦的心境也隨著起起落落，作者運用這些物材所產生的象徵作用，不也正面凸顯了這份淒美浪漫的心情！

四、表明作者的心志

文學的高度發展與演進，使「抒情言志」不再是詩歌的專屬，而是擴充到各種文類，成爲創作辭章的主要動機，而作者所運用的材料，也成爲這個動機的重要媒介。一般而言，作者運材以言志的方式，可分爲「藉事表明」與「藉物表明」兩種模式。

㈠藉「事」表明

藉由事件來表現作者的心志，通常可以在所述事件的文字中，深刻體會到作者的悲喜之情，進而從悲喜的情緒中接收到作者的意圖。以古代的奏議類文章爲例，上書的最大目的，是爲了博取君王的認同，以達到陳請或規諫的效果。因此，讓君王明瞭自己的忠貞是非常重要的。如諸葛亮的〈出師表〉中，就有一段敍述自己遭遇的文字提到：

> 臣本布衣，躬耕於南陽，苟全性命於亂世，不求聞達於諸侯。先帝不以臣卑鄙，猥自枉屈，三顧臣於草廬之中，諮臣以當世之事，由是感激，遂許先帝以驅馳。後值傾覆，受任於敗軍之際，奉命於危難之間，爾來二十有一年矣！

這段文字是在描述諸葛亮從隱居躬耕的生活到爲劉備出仕爭逐天下的經過。雖是自己的生命際遇，卻凸顯了劉備對他的知遇之恩。孔明在文中安排這段敍述，就是要讓後主劉禪知道，自己盡心爲蜀漢驅馳效命，絕無任何私心，只是爲了報答先帝劉備的知遇之恩罷了。而他不斷地强化先帝的份量，不僅爲自己效忠蜀漢、矢志北伐找到一個有力的支持力量，同時也利用劉備的權威讓後主知所警惕，其用心良苦由此可知，而我們更可以從字裡行間深刻地感受到諸葛亮眞摯的情感與堅定的決心。

奏議類散文的另一篇至情之作，要算是李密的〈陳情表〉。文中也有一段自述身世的文字，其所言：

> 臣少事偽朝，歷職郎署，本圖宦達，不矜名節。今臣亡國賤俘，至微至陋，過蒙拔擢，寵命優渥，豈敢盤桓，有所希冀？

就是在表明自己內心最眞誠的態度。他要讓晉武帝深切體會兩件事情：一是自己在蜀漢爲官，只是希求官運顯達，對於晉朝絕無貳心；二是自己以一個「亡國賤俘」的身分，能受到朝廷的禮遇已經相當幸運，故自己不能接受徵召，絕非是運用心機來求得更高的官位。李密藉由自己在官場上的遭遇來表明自己的心志，確實可以消除武帝的疑慮，再與他「願乞終養」的唯一理由相互呼應，更足以達到感動武帝的效果。

一般的散文同樣可以藉由事件來表現作者的心志，如宋代王禹偁所寫的〈黃岡竹樓記〉，敍述自己因貶謫而四處遷徙的經過，就表現了深層的慨嘆。其云：

噫！吾以至道乙未歲，自翰林出滁上；丙申，移廣陵；丁酉，又入西掖；戊戌歲除日，有齊安之命，己亥閏三月到郡。四年之間，奔走不暇，未知明年又在何處，豈懼竹樓之易朽乎？後之人與我同志，嗣而葺之，庶斯樓之不朽也。

作者在敍述竹樓的年限之後，筆鋒一轉，以輕淡的筆調直抒其四年之間連遭貶謫的經歷，不僅寄託了羈旅漂泊的心情，也同時透露了人生無常的感慨。由於「奔走不暇」的際遇，似乎不必奢望在此竹樓久居，也使他不再懼怕竹樓的易朽。作者雖然在字句中傳達了宦途坎坷與連遭貶遷的無奈，卻透露著自我在面對人生逆境所表現的平靜豁達。我們也清楚地見出，其文末安插這段自述，連結了「竹樓」與「豁達心境」的關係，適切地表明了作者恬淡自適的胸懷。

同樣是北宋著名的亭臺遊記，歐陽脩的〈醉翁亭記〉也運用適當的事材傳達了自己的心境。其文中敍述宴遊之樂寫到：

至於負者歌於途，行者休於樹，前者呼，後者應，傴樓提攜，往來而不絕者，滁人遊也。臨溪而漁，谿深而漁肥；釀泉為酒，泉香而酒洌；山肴野蔌，雜然而前陳者，太守宴也。宴酣之樂，非絲非竹，射者中，弈者勝，觥籌交錯，起坐而喧嘩者，眾賓懽也。蒼顏白髮，頹然乎其間者，太守醉也。

作者從瑯琊山上絡繹不絕的滁人之遊寫起，進而描繪賓衆飲酒爲歡的景況，最後把焦點投注在頹然微醺的太守身上，營造出一幅官民和樂的圖象。這段文字是全文的重要事材，所要表現的正是百姓宴遊的和樂景象，結合本文前段所敍述的山林之樂，才能推展出作者內心與民同樂的襟懷，同時也透露著作者宣揚政績的意圖。此段宴遊之樂的描寫所產生的效果，是不容忽視的。

㈡藉「物」表明

以物材來表明作者的心志，是一種直接的表現方式，與間接表達的「象徵」法不同。作者所運用的物件本身就直接說明了心境的悲喜，而不必透過約定俗成或理性關聯來傳達其意。如引詩以明志、寫景以抒情、引人以自況、引物以傳情等，皆屬此類。

就引詩以明志而言，可舉白居易的〈與元微之書〉爲例，他以自己新創的三韻詩做爲書信的結語，詩云：

憶昔封書與君夜，金鑾殿後欲明天。今夜封書在何處？廬山庵裡曉燈前。籠鳥檻猿俱未死，人間相見是何年？

前兩句是在描寫從前飛黃騰達的景況，與後兩句慘澹淒涼的境遇形成强烈的對比。也因爲這强烈的對比，使白居易的內心感受到人情世俗的冷暖與知心摯友的可貴，一想到他與元稹相隔兩地，如「籠鳥檻猿」般地受到牽制，無法相見，其心中的悵然之情可想而知。因此，從詩的內容看來，確實直接傳達了深切的思念之情，也是作者藉以明志的重要媒介。而引詩入文，把散文與詩歌結爲一體，更有收束文氣、蘊藉情意的效果，白居易在這方面的融會，可說是極佳的典範。

就寫景以抒情而言，景物本身的意象是清晰明辨，且不必具有更深一層的義蘊者，方屬此類，與前述〈岳陽樓記〉所說的晴景、雨景不同。以袁中郎的〈晚遊六橋待月記〉爲例，其文末寫到：

然杭人遊湖，止午、未、申三時，其實湖光染翠之工，山嵐設色之妙，皆在朝日始出、夕春未下，始極其濃媚。月景尤不可言，花態柳情，山容水意，別是一種趣味。

這段文字是全文的重心所在。作者在前段已經把西湖的「冶艷」之景描寫得非常清楚，而此段筆鋒一轉，寫到西湖最迷人的景致當在「朝日始出、夕春未下」的時候，與一般杭人遊湖所見的景色有別；其後再進一步凸顯月景的「花態柳情」與「山容水意」，點出了內心「待月」的心情。由此可知，作者安排這段寫景文字，正是藉以表達自己超於俗世的心境。文末以「安可爲俗士道哉」作結，就是最好的證據。

就引人以自況而言，古今人物常有其特殊的性格或成就，足以作爲後世的表率。文人雅士引古人以自況，目的就在於效法聖賢，以明示深切的自我期許。如孔明自比管仲、樂毅，方苞自言「學行繼程朱之後，文章在韓歐之間」，皆是著例。因此，作家在文章中提及古今聖賢，便不足爲奇，如歸有光在其〈項脊軒志〉中有一段議論提到：

> 蜀清守丹穴，利甲天下。其後秦皇帝築女懷清臺。劉玄德與曹操爭天下，諸葛孔明起隴中，方二人昧昧於一隅也，世何足以知之？余區區處敗屋中，方揚眉瞬目，謂有奇景。人知之者，其謂與埳井之蛙何異？

「蜀清」與「孔明」二人的功業顯達，而世人卻很少提及他們曾經「昧昧於一隅」。作者以自處項脊軒的景況與二人類比，雖然警惕自我不能以軒中的奇景而志得意滿，我們卻能從他引古人自況的言語中，見出他的雄心。

就引物以傳情而言，物件本身的哲思並非重點，而是作者運用他們傳達了某種訊息。我們可以舉余光中的〈聽聽那冷雨〉來作說明。作者在文中提到「杏花春雨的江南」、「牧童遙指」、「劍門細語」與「渭城輕塵」，也提到王禹偁的「黃岡竹樓」，這些景物或地名，在原本的詩文當中都有很深的含意，而作者聯用這些物材，所要傳達的義旨並不是物件的內涵，而是透過時空的錯結與古典詩歌的融合，把內心那一分思古的幽情與追念故國的哀思表現出來。其引物以傳情，是相當直接而明顯的。

五、增強文章的感染力

所謂文章的「感染力」，是指作家影響讀者，使其進入作家思維而產生的共鳴。作家可能運用優美的文字或聳動的言詞來感動讀者，但是最好的方法，還是透過客觀事件的描述或景物的描寫，使讀者感同身受，進而認同作家所營造的情境或觀點。因此，適當的材料運用，才是引發讀者共鳴的最佳利器。

㈠以「敘述事情」爲主

想要用敘述事情來感動讀者，必須讓事件本身具備兩個條件：一是事件的普遍性，重在合情合理；二是事件的獨特性，重在引發興趣。在高中教材所選錄的散文中，有許多透過事件的描述來增加文章感染力的作品，亦大多符合這兩個要素。如韓愈的〈祭十二郎文〉，可說是至情至性的佳作，其文中藉一封書信提及自己年老力衰之事寫到：

> 去年，孟東野往，吾書與汝曰：「吾年未四十，而視茫茫，而髮蒼蒼，而齒牙動搖。念諸父與諸兄，皆康彊而早世；如吾之衰者，其能久存乎？吾不可去，汝不肯來，恐旦暮死，而汝抱無涯之戚也！」

韓愈本來預測自己早死，則他與十二郎恐將無相聚之日，怎料十二郎先他而去，不僅令韓愈錯愕，更令他感受到世事的無常，無怪乎他提出了「少者歿而長者存，强者夭而病者全」的强烈悲歎，而讀者也因爲這事情的描述，更加體會到韓愈的悲切。就其普遍性而言，叔姪的思念之情與年老的悲懼之心，人皆有之；就其獨特性而言，韓愈年未四十而視茫髮蒼，以及父兄「皆康彊而早世」的遭遇，頗令人同情其坎坷的身世。由這兩要素觀之，其營造了强烈的感染力，當然可知。

同爲唐代的古文大家，柳宗元在其作品中運用事材來增强文章感染力的情況也相當多見。以其著名的〈始得西山宴遊記〉爲例，文中描述他與山景融合爲一的過程提到：

> 引觴滿酌，頹然就醉，不知日之入。蒼然暮色，自遠而至，至無所見，而猶不欲歸。心凝形釋，與萬化冥合。

這段文字有寫景，有敍事，但以其重在情景交融的過程，故仍歸於事材爲佳。從柳宗元在山頂上「頹然就醉」的舉動來看，他確實有一股完全放縱的衝動，也暫時忘卻了塵世間的束縛，這種經驗，只要是曾經登高望遠的人都能體會；而他以一個帶罪之人的身分，從「恆惴慄」的心情過渡到「心凝形釋，與萬化冥合」的境界，卻是個人特有的生命經驗。作者所營造出來的情境，確實達到了感染讀者的效果。

以學者出身的現代作家余秋雨先生，投身於散文創作，其作品中更多了一分文人的關懷。《文化苦旅》一書，曾在華人世界引起頗大的迴響。高中教材亦選錄了其中的篇章。我們可以輕易發現，余氏在描述自己親臨中國各地的過程中，融入了不少古今的人文事跡，進而透露出作者對於中國名勝的深切關懷。以〈三峽〉爲例，作者引入了三國時代劉備在白帝城託孤的故事，使原本已是波濤洶湧的三峽江面，更多了一分傳奇。他說：

> 〈白帝託孤〉是京劇，說的是戰敗的劉備退到白帝城鬱悶而死，把兒子和政事全都託付給諸葛亮。抑揚有致的聲腔浮在迴旋的江面上，撞在溼漉漉的山岩間，悲憤而蒼涼。

平凡的白帝城原本坐落在孤高的山頂，「白帝託孤」的故事亦耳熟能詳，然而經過作者柔美而深刻的筆觸，讓人飄遊在實景與古事之間，營造了超越時空的氛圍，這當然可以讓讀者深深地感受到作者內心的激盪與關懷，從而對於三峽景色有更深、更新的體認。在現代詩中，也有引事以增強感染力的作品，如席慕容的〈一棵開花的樹〉就引用了古老的佛教傳說，營造出特殊的詩境，其詩寫到：

如何讓你遇見我
在我最美麗的時刻　為這
我已在佛前　求了五百年
求祂讓我們結一段塵緣
佛於是把我化作一棵樹

長在你必經的路旁
陽光下愼重地開滿了花
朵朵都是我前世的盼望

佛教的因果輪迴，認爲一切的情都是「宿緣」造成。作者把這一個普遍存在的觀念，融合了自我對於前世因緣的主觀認定，造就了不平凡的愛情觀。雖然過於執著、虛幻，卻也讓人讀之動容，使全詩在這個刻意營造的氛圍之下，充滿了悲戚與浪漫，當然也影響了讀者的情感。其善用自古以來的佛教傳說，並加入具體的譬喻意象，確實能引發讀者內心深處的共鳴。

㈡以「描繪景物」爲主

運用景物的描繪來增加文章的感染力，不僅僅是「藉景抒情」的作用，而是藉由物件營造一個足以動人的情境，使讀者可以融入其中，進而和作家的心靈發生深刻的共鳴。我們同樣可以在高中教材中見到這種運材模式。如駢文中的佳構〈與陳伯之書〉，就在書信中營造了一個足以觸動陳伯之的情境，其內容寫到：

> 暮春三月，江南草長，雜花生樹，羣鶯亂飛。見故國之旗鼓，感平生於疇日；撫弦登陴。豈不愴悢？

「暮春三月，江南草長，雜花生樹，羣鶯亂飛」本是一個世所共見的江南之景，對於一個北逃的江南叛將而言，卻是既熟悉又思念的景物。陳伯之原本在南朝極盡尊榮，卻因流言的蠱惑而倉皇北逃，當他面對江北的荒涼，再看到書信中所描寫的江南風光，必定會觸動他想起昔日在南朝爲官的種種景況，進而激發其南歸的意念。丘遲在書信中安排這段唯一的寫景文字，乃深知陳伯之的性情與身世，其所發揮的感染作用也是不可言喻的。

「聲音」對於文字來說，是極爲抽象的概念，作家想要利用文字來描繪聲音，本來就是極爲困難的事。然而運用知覺的轉換，卻可以達到意外的效果。在高中教材中有許多作品都運用了這種技巧，如用「大珠小珠落玉盤」來形容琵琶音的清脆圓潤（〈琵琶行〉），用「赴敵之兵，銜枚疾走，不聞號令，但聞人馬之行聲」來形容秋天的聲音（〈秋聲賦〉），而最能製造聲音情境，以引發讀者共鳴的作品，要算是劉鶚的〈明湖居聽書〉。其描繪王小玉說書的聲音，可說是用盡了各種感官的知覺。如描寫唱音讓人舒服的妙境寫到：

> 五臟六腑裡，像熨斗熨過，無一處不伏貼，三萬六千個毛孔，像吃了人參果，無一個

毛孔不暢快。

就是運用觸覺與味覺來表達聲音的美妙。又如描寫聲音的尖細說：

像一線鋼絲拋入天際。

即運用視覺來表現。而描寫王小玉的歌聲層層高起和迂迴曲折的境界寫到：

恍如由傲來峯西面攀登泰山的景象：初看傲來峯削壁千仞，以為上與天通；及至翻到傲來峯頂，才見扇子崖更在傲來峯上；及至翻到扇子崖，又見南天門更在扇子崖上；愈翻愈險，愈險愈奇。那王小玉唱到極高的三、四疊後，陡然一落，又極力騁其千迴百折的精神，如一條飛蛇，在黃山三十六峯半中腰裡盤旋穿插，頃刻之間，周匝數遍。從此以後，愈唱愈低，愈低愈細，那聲音就漸漸聽不見了。……約有兩三分鐘之久，彷彿有一點聲音，從地底下發出。這一出之後，忽又揚起，像放那東洋煙火，一個彈子上天，隨化作千百道五色火光，縱橫散亂，這一聲飛起，即有無限聲音，俱來並發。

這段運用視覺的描寫，其實已經營造了一個足以侵透全身的情境。高山的幽趣與層峯的險峻，使舒坦與驚險的感覺在心中相互錯雜；飛蛇的靈動盤旋，則營造了一個悠遠曲折的意象；而用煙火來比喻聲音的俱來並發，更令人有炫目之感。運用視覺的描繪，已經使人目不暇給，更足以證明現場聲音動人之深了。我們也從這段文字當中，深刻地感受到作者的心靈悸動，其發揮的感染力是浸透人身的。

六、交代故事的情節

運材所發揮的第六個作用，是可以藉由材料來交代故事的情節。這種作用通常出現在小說的文類當中。一般而言，可分爲「以事件貫串」和「以人物貫串」兩種模式。

(一)以「事件」貫串

小說當中的部份情節，除了描述故事的發展之外，或可作爲重要的過渡，或可作爲關鍵的伏筆，其作用都在交代故事的情節。如唐代文言小說〈虬髯客傳〉，就有一段藉由主角對白所傳達的情節，其內容寫到：

> 虬髯謂曰：「盡是寶貨泉貝之數，吾之所有，悉以充贈。何者？某本欲於此世界求

事，或當龍戰二、三十年，建少功業。今既有主，住亦何為？太原李氏，真英主也！三、五年內，即當太平。李郎以英特之才，輔清平之主，竭心盡善，必極人臣。一妹以天人之姿，蘊不世之藝，從夫之貴，榮極軒裳。非一妹不能識李郎，非李郎不能榮一妹。聖賢起陸之漸，際會如期；虎嘯風生，龍吟雲萃，固非偶然也。將余之贈，以佐真主，贊功業，勉之哉！此後十餘年，當東南數千里外有異事，是吾得志之秋也。一妹與李郎可瀝酒東南相賀。」

虬髯客的一席眞話，說出了當初會見太宗、試驗太宗的動機，也道盡了自己的雄心壯志。從他對於天下大勢的肯切分析，更見出他是一個能取能捨、能放能收的奇才。而預測數十年後東南的異事，則有交代故事後續發展的作用。果如虬髯所言，在貞觀年間，有蠻夷奏報，說「有海賊以千艘，積甲十萬人，入扶餘國，殺其主自立，國內已定」，正與其言互相呼應。這段情節不僅襯出了「眞人之興，非英雄所冀」的主旨，更具有「總結前述，交代後敍」的積極作用。

在傳統的章回小說中，也能發現這種模式。如高中教材從《紅樓夢》中選錄的〈劉姥姥進大觀園〉，就有一段情節寫到：

> 鳳姐兒聽說，便回身同了李紈、探春、鴛鴦、琥珀，帶著端飯的人等，抄著近路到了秋爽齋，就在曉翠堂上調開桌案。鴛鴦笑道：「天天咱們說，外頭老爺們吃酒吃飯，都有個湊趣兒的，拿他取笑兒。咱們今兒也得了一個女清客了！」李紈是個厚道人，聽了不解。鳳姐兒卻知說的是劉姥姥了，也笑說道：「咱們今兒就拿他取個笑兒。」二人便如此這般商議。李紈笑勸道：「你們一點好事也不做！又不是個小孩兒，還這麼淘氣，仔細老太太說！」鴛鴦笑道：「很不與你相干，有我呢。」正說著，只見賈母等來了，各自隨便坐下。……鳳姐一面遞眼色與鴛鴦，鴛鴦便忙拉了劉姥姥出去，悄悄的囑咐了劉姥姥一席話；又說：「這是我們家的規矩，若錯了，我們就笑話呢。」調停已畢，然後歸坐。

這是描寫鴛鴦與鳳姐兒商議如何捉弄劉姥姥在餐宴上出糗逗趣的情節。對白中並無特別驚人之語，卻透露了後續將有逗趣的情節發生，可說是故事中的一個關鍵伏筆。由於這段情節的安排，使後續的高潮戲得以自然地展開，於是劉姥姥在衆姑娘的刻意捉弄之下，演出了一段既逗趣又溫馨的鬧劇，成爲全文的高潮所在。作者經心地安排這段情節，確實具有交代故事的作用。

(二)以「人物」貫串

小說中的人物，有些具有舉足輕重的地位，是作家著力的重心所在。因此也運用了大量的文字來描寫主角的形貌、言動與性格。其實，在主角之外，其餘人物必有存在的價值與地位，或作爲襯托，或影射某事，而本文所要探討的是人物在小說中的「貫串」作用。以高中教材爲例，從《三國志演義》所節錄的〈草船借箭〉一文，是在描寫孔明如何運用智謀，向曹操騙取十萬枝箭的經過。孔明與周瑜是這篇文章的主要人物，但是我們切不可忽略魯肅在本文所扮演的角色。文中寫他前去試探孔明知否周瑜的計謀，並據實回報周瑜的經過，於是引起周瑜「絕意斬之」的心意，並發展出要求孔明造箭的情節。周瑜不信孔明能在三天之內造出十萬枝箭，遂再命魯肅前去探望虛實，孔明利用魯肅憨直的個性，故意哀求魯肅出手相救，於是得到了二十艘綁有青布幔的船隻，並要魯肅保密。於是，草船借箭的精彩過程由此展開，凸顯了孔明過人的膽識與超絕的智慧。全文若無魯肅的探望與回報，則周瑜和孔明之間就少了一個溝通的橋樑，故事也無法順利地展開。可見魯肅在這篇文章中是具有貫串情節、交代故事的作用。

同爲明代的章回小說，從《水滸傳》所節錄的〈林沖夜奔〉一文，也有一個重要的串場人物。本文在描寫林沖遭奸人構陷，被逼上梁山之前的最後一次劫難。故事從林沖投宿酒店說起，偶遇了從前曾營救過的李小二。李小二遇見恩人，當然是極力地款待食宿；其後又藉著李小二和他經營的酒店，引出陸謙、管營與差撥等人，並得知他們想要殺害林沖的計謀。故事中的李小二不僅懷著一顆忠誠報恩的心，更具有謹慎與冷靜的性格，才得以獲知奸人欲殺害林沖的訊息，使林沖得以預先盤算，一舉斬除陸謙等人而免於遇害。文章的高潮，當然是那一場林沖與奸人決鬥而勝的場景，而李小二不僅貫串了故事情節的發展，更適時點出了林沖先前帶罪的經過，作者安排了「李小二」這號人物，以作為串場之用，其用心可知。

結語

從文章內容的構成要件來說，情感或思理是其最核心的部分，也是我們在教學中，必須讓學生確實瞭解的重點；至於篇章所運用的材料，既為表達情理而用，則屬於文章的外圍。基於這一點體認，我們在探討材料的種類或作用時，就必須緊緊扣住辭章的情意來談，方不至於偏離主題，本末倒置。就材料的種類而言，在事材與物材兩大領域之中，可以發現各類文體中的材料，非常的豐富多變，但絕對與作者的情意相關；就材料的作用而言，儘管材料所呈現的效果不同，其最終目的，仍是要向主旨靠攏，絕不和辭章的義旨有所衝突。因此，從這兩種角度切入，我們更可以確信材料與辭章的義蘊確實有密不可分的關係。

當然，辭章的情理與材料之間，仍須運用各種文學技巧來作安置與串聯，才能使辭章的內容趨於完整。由於分析材料運用的方法，已涉及「修辭」與「章法」的領域，則須另闢專書探討，本文不另贅述。

附錄

本表以現有六種版本高中教材一～六冊爲底本，選取與辭章主旨最相關的主要材料，作爲分類的依據。

一、凸顯人物的特色

㈠以「事材」來凸顯

篇目	作者	主要事材	作用
燭之武退秦師	左丘明 左傳	燭之武遊說秦穆公一段。	藉這段事材凸顯燭之武的智慧。

馮諼客孟嘗君	戰國策	馮諼為孟嘗君鑿三窟的經過。	藉這段事材凸顯馮諼的智謀。
成子高寢疾	禮記 檀弓	子高曰：「吾聞之也，生有益於人，死不害於人。吾縱生無益於人，吾可以死害於人乎哉？我死，則擇不食之地而葬我焉。」	用人物的言語表現其「不與民爭地」的襟懷。
世子申生	禮記 檀弓	敘述晉國世子申生不言己志、不逃於外，而受死的經過。	凸顯申生恭順的性格。
鴻門宴	司馬遷	1.張良為沛公獻策籠絡項伯一事。 2.樊噲入營護駕及激辯項羽，作為一事。	凸顯張良與樊噲的智謀勇略，從而引出沛公得以全身而退，均得力於謀士的輔佐。
李夫人傳	班固	敘述李夫人病危時與漢武帝的一段對話。	凸顯李夫人過人的智慧與通達的人生觀。
定伯賣鬼	曹丕	敘述定伯騙鬼的過程： 1.與鬼互擔，鬼發覺定伯太重。渡水而漕漼作聲，定伯皆騙其新	由故事過程凸顯定伯的機智，從而引出對待困境必須無所畏懼地正視，然後認眞思考克服的道

		死。 2.問鬼怕何物，得知鬼的弱點。	理。
絕妙好辭	劉義慶	修曰：「『黃絹』，色絲也，於字為『絕』；『幼婦』，少女也，於字為『妙』；『外孫』，女子也，於字為『好』；『虀臼』，受辛也，於字為『辭』。所謂『絕妙好辭』也。」	凸顯楊修的機智。
柳子厚墓誌銘	韓愈	記述柳宗元「貞元十九年，由藍田尉拜監察御史。順宗即位，拜禮部員外郎。遇用事者得罪，例出為刺史。未至，又例貶州司馬。居閒，益自刻苦，務記覽，為辭章，汎濫停蓄，為深博無涯涘，而自肆於山水間。」	凸顯柳宗元的人格特質。

送薛存義序	柳宗元	「向使傭一夫於家，受若直，怠若事，又盜若貨器，則必甚怒而黜罰之矣。」	反襯一般官吏「受其直，怠其事」的現象。
永某氏之鼠	柳宗元	「某氏室無完器，椸無完衣，飲食大率鼠之餘也。晝累累與人兼行，夜則竊齧鬥暴，其聲萬狀，不可以寢，終不厭。」	藉老鼠的有恃無恐與橫行無忌，凸顯永某氏的昏庸。
六國	蘇洵	敍述六國割地之史事。	以六國任意割地，以凸顯其媚秦之非。
留侯論	蘇軾	比較漢高祖與項羽的修養。	凸顯張良能忍的特質。
方山子傳	蘇軾	「然方山子世有勳閥，當得官，使從事於其間，今已顯聞。而其家在洛陽，園宅壯麗，與公侯等；河北有田，歲得帛千匹，亦足富樂。皆棄不取，獨來窮山中，此豈無得而然哉？」	凸顯方山子的性格與節操。

義田記	錢公輔	引晏子好人之事。	凸顯范仲淹的義行。
金山夜戲	張岱	「余呼小僕攜戲具，盛張燈火大殿中，唱韓蘄王金山及長江大戰諸劇。鑼鼓喧填，一寺人皆起看。」	表現作者的狂放性情。
湖心亭看雪	張岱	敍述獨往湖心亭賞雪的經過。文末客曰：「莫說相公癡，更有癡似相公者。」	透露作者在雪中遊湖的雅興，也顯示作者孤高自絕的性情。
左忠毅公軼事	方苞	敍述左光斗公下廠獄，而史可法探監的情節。	凸顯左光斗的忠毅。
福爾摩沙	陳冠學	敍述「福爾摩沙」一名詞的由來。	凸顯台灣的特色。
蘭嶼腳印	阿盛	女教師一句「臺北有太多混樣子的假學者和一知半解的人」。	凸顯強勢文化中的人們的無知與自大。
孔乙己	魯迅	孔乙己的軼事遭遇。	凸顯主角的特色，影射中國讀書人的悲哀。

黑與白——虎鯨	廖鴻基	描寫看見虎鯨友善地在船周圍翻騰、噴水的過程。	凸顯虎鯨的特質。
我從小喜歡種樹	廖玉蕙	歸納大學聯考中作文一項，考生所寫的荒謬內容。	凸顯新新人類在寫作上的種種病態。
白玉苦瓜	余光中	中國的苦難與戰亂。	凸顯白玉苦瓜歷經磨難仍完好的價值。
尋李白	余光中	「酒入豪腸，七分釀成了月光／餘下的三分嘯成劍氣／繡口一吐就半個盛唐／從開元到天寶／冠蓋滿途車騎的囂鬧／不及千年後你的一首／水晶絕句輕叩我額頭／當地一彈挑起的回音」	凸顯李白在詩歌方面的成就與地位。
做田	鍾理和	描寫鷂鷹捕捉獵物的過程。	凸顯人世與自然的和諧關係。
杞人憂天錄	吳魯芹	以反諷筆法敘述一般凡夫俗子，滿面愁容，作憂國憂民狀，說其可成大器。	凸顯這一類人之「憂」仍爲無稽。

㈡以「物材」來凸顯

篇目	作者	主要事材	作用
水經江水注	酈道元	敍述三峽七百里冬夏之景。	藉冬夏之景的對比，凸顯三峽景色的多變。
殷仲堪儉食	劉義慶	「殷仲堪既爲荊州，值水儉，食常五碗盤，外無餘肴，飯粒脫落盤席間，輒拾以啖之。」	表現其節儉的德性。
詠絮之才	劉義慶	「兄子：『撒鹽空中差可擬』兄女：『未若柳絮因風起』」	表現謝道韞的才智。
坦腹東床	劉義慶	「王家諸郎亦皆可嘉，聞來覓婿，咸自矜持，唯有一郎在東床坦腹食，如不聞。」	表現王羲之率眞的本性。從而展現魏晋時人不拘禮法的瀟灑。
管寧割席	劉義慶	敍述管寧、華歆共園中鋤菜與同席讀書的表現。	凸顯二人的性格與德行。

王子猷訪友	劉義慶	敍述王子猷隨興而行的風度與行徑。	藉其隨興的作風，刻畫出生活品味與行事風格。
柳子厚墓誌銘	韓愈	「爲辭章，汜濫停蓄，爲深博無涯涘，」	凸顯柳宗元的人格特質。
題燕太子丹傳後	李翱	「始皇之道，異於齊桓，曹沫成功，荊軻殺身，其所遭者然也。」	凸顯荊軻刺秦皇的不智。
上樞密韓太尉書	蘇轍	「轍之來也，於山見終南、嵩、華之高，於水見黃河之大且深，於人見歐陽公，而猶以爲未見太尉也。」	凸顯韓太尉之特殊，並表明謁見之意。
祭歐陽文忠公文	王安石	用江河停蓄比喻歐陽脩的人格特質。	凸顯人物之特質。
范進中舉	吳敬梓	胡屠戶	藉胡屠戶前後態度的強烈對比，凸顯其人物性格。

遊戲者	心岱	描繪老婦的穿著、神貌及走出後臺的身影。	凸顯老婦執著而自信的性格。
日本的女人	夏小舟	篇首對日本女人神態的描繪。	凸顯日本女人的特質。
生活的藝術	夏丏尊	描寫弘一吃飯時滿足的神情。	凸顯弘一和尚隨遇而安的性格與對生活觀照玩味的能力。
臉譜	梁實秋	分析形形色色的臉。	凸顯人各種各樣的性格。
父王	蕭蕭	描寫父親身上的那一層韌皮。	凸顯父親經歷風霜的特質。
楊柳	豐子愷	別種樹木拼命向上、一味好高、忘記自己根本的特性。	襯托楊柳「低垂」、不與人爭的特質。
坤伶	瘂弦	清朝人、佳木斯	點出主角的時空背景。
碗公花	簡媜	以「曬了地毯忘了收」、「牧童丟繩又丟索」來比喻牽牛花。	凸顯牽牛花的特質。
雅舍	梁實秋	引李笠翁《閒情偶寄》。	凸顯自己的雅舍亦如笠翁所言，居室形式貴在高雅，不貴纖巧爛漫；器物陳設貴在活變，而忌排偶。

玉想	張曉風	光芒四射的鑽石、寶石。	凸顯玉的柔潤、敦厚的特質。
「麥當勞」午餐時間	羅門	老人穿著不太合身的成衣西裝，吃完不太合胃的漢堡。	凸顯老人在美式餐飲店中的格格不入。

二、印證事物的道理

(一)以「事」爲證

篇目	作者	主要事材	作用
拙於用大	莊子	敍述客買宋人不龜手之藥方，使吳人在冬天大敗越軍，終而封侯的經過。	指明心思靈明之人，處理事務自能得心應手，歸於至當。
濠梁之辯	莊子	鯈魚之樂。	引出物我合一，透過直覺即可相知的道理。

觸龍說趙太后	戰國策	藉趙主三世之子孫王侯皆不在位，引出「位尊而無功奉厚而無勞，而挾重器多」的道理。	藉史事印證事物的道理。
齊桓公好服紫	韓非	齊桓公「好紫」、「惡紫」之事。	以齊桓公「好紫」、「惡紫」之事揭示「上行下效」之理。
難儒者	韓非	「以子之矛，陷子之楯」之事。	引「以子之矛，陷子之楯」之寓言，說明不可陷之楯與無不陷之矛，不可同世而立，以印證「堯舜不可兩譽」之理。
石祁子	禮記 檀弓	敍述石祁子遵循古禮，堅持不在服喪期間沐浴佩玉，終而卜得繼承之位。	印證知禮而不貪，方得天助的道理。
不食嗟來食	禮記 檀弓	敍述餓者不食黔敖怠慢之食而餓死的故事。	引伸對他人尊重的必要性。

諫逐客書	李斯	秦國歷代國君重用賓客而獲致成功的事實。	引「四君皆以客之功」，反證秦王逐客之失。
大同與小康	禮記 禮運	敍述三代之英時期的大同境界。	論述大同世界的境況，以表達內心對大同世界的嚮往之情。
美輪美奐	禮記 檀弓	張老曰：「美哉輪焉，美哉奐焉。歌於斯，哭於斯，聚國族於斯。」	用人物的言語說明「人要惜福，不可得意忘形，以免遭人嫉害」的道理。
過秦論	賈誼	敍述秦國始强、漸强而最强的史實。	由秦國百年强盛的經過與一夕之間亡於甿隸之徒形成對比，以凸顯秦國「仁義不施」的過失。
典論・論文	曹丕	班固批評武仲之事。	印證「各以所長，相輕所短」之理，並歸結出「君子應審己以度人」的結論。

蘭亭集序	王羲之	引《莊子・齊物論》的「一死生」、「齊彭殤」的觀念，並認爲是「虛誕妄作」。	藉反對莊子的說法而正視生命有限的事實，並凸顯文學能留下記錄、與後人交感的價值。
逸民列傳序	范曄	引「堯稱則天，不屈潁陽之高；武盡美矣，終全孤竹之絜」的史實。	藉隱逸之風自古有之的史實，以凸顯對隱逸價值的肯定及對逸民的尊重。
春夜宴從弟桃花園序	李白	古人秉燭夜遊之事。	印證「浮生若夢，爲歡幾何」的思想。
師說	韓愈	「孔子師郯子、萇弘、師襄、老聃。郯子之徒，其賢不及孔子。」	藉孔子從師之事以印證「聖人無常師」之理，從而引出「聞道有先後，術業有專攻」之主旨。
捕蛇者說	柳宗元	敍述永州人捕異蛇以當賦稅之事。	引出蔣氏者三世專其利，寧願冒蛇毒以死而不願納稅的心態，進而印證「賦稅之毒甚於蛇毒」的事實。

種樹郭橐駝傳	柳宗元	敍述種樹之道。	申明爲政必須順任自然的道理。
虯髯客傳	杜光庭	虯髯客的一席話。	藉虯髯客的一席話，表明作者「眞人之興，非英雄所冀」的思想，也交待後續情節的發展。
縱囚論	歐陽脩	第一段比較君子小人的文字。	印證唐太宗縱囚之不合人之常情。
教戰守策	蘇軾	比較農夫小民和王公貴人的養身之道。	比喻國家教戰守之方法。
傷仲永	王安石	敍述方仲永自小而大的成長歷程。	印證教育學習的重要。
讀孟嘗君傳	王安石	「孟嘗君特雞鳴狗盜之雄耳」。	作爲批判的主要依據。
答司馬諫議書	王安石	盤庚之遷，胥怨者民也，非特朝廷士大夫而已。盤庚不爲怨者故改其度，度義而後動，是而不見可悔故也。	引「盤庚遷殷」的史事，做爲自己變法的證據。

墨池記	曾鞏	敍述王羲之臨池學書之事及其精神。	藉以肯定後天學習的重要。
訓儉示康	司馬光	引人物的奢儉。	印證「儉以成家，奢以敗家」之道。
蜃說	李景熙	記秦之阿房、楚之章華。	引出世事繁華終歸幻滅的道理。
指喻	方孝孺	敍述鄭君從發病而痊癒的經過。	藉指病寓防微杜漸之理，並引出治國之道。
報劉一丈書	宗臣	敍述策馬候權者干謁權貴的醜態。	藉以闡述「上下相孚，才德稱位」的眞相。
廉恥	顧炎武	引孔子與孟子之言。	印證「恥」之重要。
原才	曾國藩	比較先王治世與世道既衰對待人才的不同	以印證風俗與領導人對人才的影響。
奕喻	錢大昕	敍述自己觀棋及下棋輸棋的經過。	印證學習之道。
「將要」最美	黃永武	敍述自己將要完成博士論文的心境。	印證「將要」的滋味最美。

欲望與迷信	傅佩榮	引用馬克斯「宗教是人民的鴉片」和佛洛依德「宗教是人類心理的枴杖」兩種主張。	作爲論證的依據。
髻	琦君	描寫母親和姨娘髮髻的變化。	書寫人世愛恨的消長及對人生無常的體悟。
關掉電視	鄭寶娟	運用數字統計電視戕害兒童的狀況。	用統計數字凸顯電視害人之深。
哲學家皇帝	陳之藩	愛因斯坦說：「專家還不是訓練有素的狗？」	印證美國文化的缺失，也說明哲學家皇帝除了身體力行的磨練之外，仍必須有人文素養。
一棵開花的樹	席慕容	古老的佛教傳說。	表達了前世宿緣的自我認定。
正眼看西方	龍應台	「他們反核，我們要不要？他們反污染，我們要不要？他們講性開放，我們要不要？」	學例提出西方的觀念或作爲，建議我們客觀冷靜地觀察分析，才能「正眼看西方」。

柏克萊精神	楊牧	敍述荷蘭的中世紀史學家拒絕發表對現代對希特勒征服荷蘭的意見。	反諷中世紀研究家的迂腐，並凸顯柏克萊講究實際的精神。
握手	梁實秋	引〈哈母雷特〉中波婁尼阿斯戒其子曰：「不要爲了應酬每一個新交而磨粗了你的手掌」。	印證「交友必須謹愼」的主旨。
遊山如讀書	黃永武	引張潮之語：「文章是案頭的山水，山水是地上的文章。」	印證讀書與遊山有相通之處。
談擺脫	朱光潛	舉反例：三個不知擺脫的朋友。舉正例：釋迦牟尼、蘇格拉底、耶穌、屈原、文天祥、希臘第歐根尼、猶太斯賓諾莎、卓文君、陶淵明等知所擺脫的事蹟。	印證擺脫是遠離人生悲劇的主要力量。
我與書畫的緣分	蔣勳	敍述自己小時候在父親牽引之下練習書法的過程。	說明書法的頓挫點捺是深植生命之中的。

容忍與自由	胡適	引用《禮記・王制》：「析言破律，亂名改作，執左道以亂政，殺。作淫聲異服奇技奇器以疑衆，殺。行僞而堅，言僞而辯，學非而博，順非而澤以疑衆，殺。假於鬼神時日卜筮以疑衆，殺。此四誅者，不以聽。」	作爲論證自由與容忍的張本。
生命因付出而充實	王溢嘉	印度聖雄甘地放棄「小我的追尋」，轉而「大我的追尋」的故事。	印證追尋大我才可以找到人生眞正的歸屬。
假如動物會說話	羅素	神學家漂流到兔子國，遭遇審判而處以極刑的故事。	藉寓言闡發萬物平等之理，進而强調人類應尊重生命。
方寸田園	琦君	引陶淵明歸隱，揣測他仍不可能完全離羣索居，不需朋友的心情。	强調友情在人生中的可貴。

夢與詩	胡適	「醉過才知酒濃，愛過才知情重：你不能做我的詩，正如我不能做你的夢。」	說明作詩必須親身體會，才能不落俗套，展現個人風格。
藝術三昧	豐子愷	引勃雷克的「一粒沙裡見世界」及孟子的「萬物皆備於我」。	印證只有融入宇宙的大我，才是眞正的藝術。
春天的聲音	王家祥	引泰國禪坐大師阿姜查「靜止的流水」之說。	說明心靈的靜止，仍有思考活動在進行的道理。
論買東西	林語堂	敍述自己在五金店因爲鄉情而買了一堆無用處的銅絲鉛條和鉗子、釘子的經過。	說明自己買東西經常買所不當買，或買別人認爲無用之物，實則有其道理。
沙原隱泉	余秋雨	描寫自己在沙漠中登山的經過及體悟。	表達「堅定志向，超越自我」的哲思。
知止	張繼高	引王安石不「知止」的反例，及華盛頓戰後歸鄉的「知止」爲正例。	印證人生當知止，才可以活得安適的道理。

海洋朝聖者	夏曼・藍波安	敍述自己在捕龍蝦之後回家，受到長輩的斥責。並提及「惡靈」、「惡靈的信仰」。	引發作者對於文化認同的省思。
藝術生活與同情	宗白華	「一曲悲歌，千人泣下；一幅畫境，行者駐足。」	印證只有藝術才能結合人類情緒感情於一致。

(二)以「物」爲證

篇目	作者	主要事材	作用
召公諫厲王弭謗	左丘明 國語	川壅，屬「山川自然」	以「川壅而潰」爲喻，諫厲王弭謗之非。
勸學	荀子	「木直中繩，輮以爲輪，其曲中規，雖有槁暴，不復挺者，輮使之然也。」屬「器物」。	引物材比喻「學習可以改變人性」的道理。

進學之道	禮記　學記	「善問者，如攻堅木」屬植物；「善待問者，如撞鐘」屬「器物」。	用物材比喻進學之道。
情采	劉勰	「水性虛而淪漪結，木體實而花萼振，文附質也。虎豹無文，則鞹同犬羊；犀兕有皮，而色資丹漆；質待文也。」	藉自然之物印證「文質兼具」之理。
諫太宗十思疏	魏徵	引宇宙自然之理喻君王治國之道。屬「山川」、「植物」	印證君王治國之道。
張中丞傳後敘	韓愈	「人之將死，其藏腑必有先受其病者。」「引繩而絕之，其絕必有處」。	印證大環境的失敗，不能歸咎於失敗的關鍵。
離魂記	陳玄祐	張鎰：世俗的阻撓。 王宙：軟弱而被動。 倩娘：追求愛情自由。	藉人物的性格表現突破傳統、追求愛情自由的精神。

赤壁賦	蘇軾	引水、月消長之勢。	印證變與不變之理。
尚節亭記	劉基	論「節」的定義。	印證黃中立取「尚節」爲亭名絕非苟然。
原君	黃宗義	許由、務光、堯、舜。	印證古帝王必須花千萬之力而不享其利，是人之常情。
台灣通史序	連橫	郢書燕說，猶存其名；晉乘楚杌，語多可採；然則台灣無史，豈非臺人之痛歟？	印證修台灣通史之必要。
數字人生	吳魯芹	身分證號碼、保險證號碼、駕照號碼、信用卡號碼、電話號碼、信用卡消費額度。	印證人生充滿數字的事實。
海灘上種花	徐志摩	一幅「海灘上種花的小孩」的畫。	藉此鋪敘自己生命的信仰。
翡冷翠山居閒話	徐志摩	阿爾帕斯與五老峯，雪西里與普陀山，萊因河與揚子江，梨夢湖與西子湖，建蘭與瓊花，杭州西溪的蘆	藉中國與西方的名物對比，說明「大自然是最偉大的一部書」。

		雪與威尼市夕照的紅潮，百靈與夜鶯。	
談靜	朱光潛	舉古詩及陶淵明、嵇康、王維的詩。	藉以說明「靜」的境界。
新詩略談	宗白華	「風聲水聲松聲潮聲都是詩聲的樂譜。花草的精神，水月的顏色，都是詩意詩境的範本。」	，鼓勵人要在自然中活動才能養成詩人的人格。

三、作為事物的象徵

(一)以「事」爲喻

篇目	作者	主要事材	作用
庖丁解牛	莊子	庖丁自述「解牛」的境界。	象徵人生「遊刃有餘」的修養。

夸父追日	山海經	夸父與日逐走，屬「神話寓言」。	用神話故事象徵先民與大自然競爭、企圖征服大自然的雄心壯志。
桃花源記	陶潛	「南陽劉子驥，高尚士也，聞之，欣然規往，未果，尋病終，後遂無問津者。」屬「軼事」。	暗示理想世界的幻滅。
賣柑者言	劉基	賣柑者的一段議論。	諷刺元末文臣武將的庸碌無能，揭露其「金玉其外，敗絮其中」的本質。
良桐	劉基	敍述良桐所受到的毀譽。	藉良桐先後毀譽之況，以諷刺世人貴古賤今之醜態。
狙公	劉基	狙公凌虐狙而遭受狙反抗的經過。	寄託「暴政必亡」之理。
種梨	蒲松齡	俵散而梨空	梨核：吝嗇之心。俵散而梨空：散去賣梨人的吝嗇之心。

勞山道士	蒲松齡	道士教王生法術的一段對話。	凸顯王生學法術只爲貪圖享樂的心態，並用「俯首驟入，勿逡巡」來諷喻王生想要作偷雞摸狗的穿牆事就不要故作從容，裝模作樣。
病梅館記	龔自珍	敍述自己闢館療梅的決心與經過。	影射作者愛惜人才、培育人才的用心。
我們對一棵古松的三種態度	朱光潛	植物學家、商人與畫家三種人看待古松的不同態度。	各代表三種看待事物的態度。
幽幽基隆河	郭鶴鳴	引莊子寓言。	用「日鑿一竅，七日混沌死」暗喻基隆河由上游到下游逐漸受到汚染的景況。
問候天空	簡媜	敍述夸父追日的神話。	代表作者面對理想、目標時，熱烈追求的堅定與執著。

瓷碗	洪素麗	敍述川端康成極短篇小說的內容。	引出「鄉愁的牽引，妻兒的呼喚，落魄男子徬徨的心悸，生活的嚴厲警告」的主旨。
七尺布	蘇紹連	敍述「母親」爲「我」買布、裁布、縫衣、補衣的過程。	象徵母親調教「我」的過程。
野櫻	楊牧	描寫野櫻從落葉、出芽、開花、落蕊到長滿翠葉的過程。	象徵種種生命的訊息。
囚綠記	陸蠡	敍述長春藤不因自己刻意的將其拉入室內而屈服，反而極力想往陽光處生長，最後行將枯萎的過程。	象徵「生命的尊嚴與意志不容侵犯」。
你的耳朵特別名貴	余光中	「上帝第六天才造人，顯已江郎才盡」，所以造的耳朵不能自由開闔，以躲開噪音。	反諷這個社會的噪音無所不在。
冷熱飲販賣機	蘇紹連	冷熱飲販賣機自動故障了。	象徵社會現況中同情心冷熱的不協調。

成長	馮青	「河川理的水錶／竟潺潺流動起來」	強調時光忽然流逝，象徵人在不知不覺中長大。
港	方思	「一隻小鳥飛起／投入茫茫的一片灰白」	象徵天地的冷漠。
前進	賴和	描寫兄弟兩人在黑暗的環境中攜手努力前進的過程。	象徵台灣人民在日本統治之下勇敢前進、努力探索的過程。

(二)以「物」為喻

篇目	作者	主要事材	作用
蝜蝂傳	柳宗元	描述蝜蝂善負又好高的習性。	象徵世之嗜取又貪高位者。
岳陽樓記	范仲淹	描寫雨景與晴景	藉這兩種景物的對比引出悲情與喜情，進而抒發「不以物喜，不以己悲」的思想。
種梨	蒲松齡	梨核。	梨核：吝嗇之心。

深夜的嘉南平原	陳芳明	北斗七星。	作爲思念故鄉的象徵。
一對金手鐲	琦君	一對金手鐲。	象徵二人恆久的友情、親情，也見證了人生際遇的無可奈何。
媽媽的手	琦君	媽媽的手。	象徵母親堅忍刻苦的美德，也象徵母親對家人的愛。
我是一枝粉筆	葉慶炳	粉筆。	象徵教學生涯中不斷磨損自己，以增長學生智慧的心境。
戰士，乾杯	黃春明	牆上的幾幅照片：「日本兵」、「國軍」、「共匪」「魯凱族戰士」。	透過受難圖像的述說，表現原住民的苦難與與侵略者的結構暴力。
一桿「稱仔」	賴和	1.稱仔象徵公平。 2.日本警察象徵破壞公正的力量。	做爲事物的象徵
放河燈	蕭紅	一個個滅了的河燈。	象徵一個個消失的生命。

散戲	洪醒夫	秀潔、阿旺嫂。	秀潔：承續傳統的力量。阿旺嫂：反傳統、隨世俗之波而流的象徵。
錯誤	鄭愁予	東風、跫音：思念的情人。三月的柳絮、三月的春巍：閨婦期待的心情。寂寞的城、窗扉：閨婦失落之情。	做爲事物的象徵。
再別康橋	徐志摩	在康河的柔波裡，我甘心做一條水草。	象徵自己對康河的無限依戀。
穿內褲的旗手	蕭蕭	肥料袋及麵粉袋作的內衣。	台灣五〇年間貧窮世代的生活寫照。
乞丐	瘂弦	「只有月光，月光沒有籬笆／且注滿施捨的牛奶於我破舊的瓦缽，當夜晚／夜晚來時」	用牛奶比喻月光，象徵公平的施捨。
碑	李魁賢	碑	象徵彌補創傷的信物。

雁	白萩	地平線。	象徵人類可見而不可即的理想。
沙窩子野鋪	司馬中原	青年男子在臨走前，女子送給他的「青梨」。	象徵女子內心的情愫與承諾。
十一月的白芒花	楊牧	白芒花。	象徵愛的見證、信念與毅力。
蜘蛛之絲	芥川龍之介	蜘蛛絲。	象徵從地獄逃到極樂世界的契機。
雕刻家	紀弦	「鑿子」比喻煩憂的無情尖銳；「藝術品」比喻日益成熟的人格。	做爲事物的象徵。
十四行集之十六	馮至	走過的城市、山川。	象徵看過的事物，將成爲我們生命的一部分。
吹簫者	覃子豪	酒肆。	象徵現實的社會。
水墨微笑	洛夫	水墨畫下方小小的印章。	象徵作者滿足的情意。
茶的情詩	張錯	茶葉與沸水	象徵男女密不可分的愛情。

四、表明作者的心志

㈠藉「事」表明

篇目	作者	主要事材	作用
卜居	屈原	詹尹釋策而謝曰之言。	點明屈原的心態。
登樓賦	王粲	引古人「尼父之在陳兮，有歸與之嘆音」、「鍾儀幽而楚奏」、「莊舄顯而越吟」，皆有懷故土之情。	藉以襯出其對家鄉的眷念之情。
出師表	諸葛亮	敍述先帝知遇之恩的個人經歷。	藉以表明忠心之志與誓言恢復的決心，從而引出對後主能諮諏善道，察納雅言的期望。
陳情表	李密	敍述自己亡國賤俘的一段經歷。	藉以說明自己僅求苟活，絕無二心的情志。

與韓荊州書	李白	敍述自己的成長及遊學經歷。	抒發自己的志向，並表達自己用世的强烈欲望。
祭十二郎文	韓愈	藉一封書信提及自己年老力衰之事。	引出「少者歿而長者存，强者夭而病者全」的悲歎。
黃岡竹樓記	王禹偁	敍述自己因貶謫而四處遷徙的經過。	寄託羈旅漂泊的感慨，進而表達通達平靜的胸懷。
醉翁亭記	歐陽脩	描寫宴飲之樂。	表達「與民同樂」的胸懷，同時也增强全文的感染力。
秦士錄	宋濂	史官曰：「弼死未二十年，天下大亂，中原數千里，人影殆絕。玄鳥來，亦失其家，競棲林木間。使弼在，必當有以自見，惜哉！弼鬼不靈則已，若有靈，吾知其怒髮上衝也！」	敍述中原散亂之狀，既爲鄧弼懷才不遇叫屈，也替無辜的百姓悲歎。

湖心亭看雪	張岱	敍述獨往湖心亭賞雪的經過。文末客曰：「莫說相公癡，更有癡似相公者。」	透露作者在雪中遊湖的雅興，也顯示作者孤高自絕的性情。
項脊軒志	歸有光	與項脊軒有關往事： 1.老嫗回憶母親。 2.祖母過軒勉勵之言。	1.引往事表達思念親人之情。 2.說枇杷樹表達思念妻子之情。 3.引古人表明自己的雄心。
隨園記	袁枚	引蘇軾曰：「君子不必仕，不必不仕。」	表明自己「仕與不仕，與居茲園久與不久，亦隨之而已」的心境。
焦急	龍應台	末段敍述台灣日益惡化的環境。	說明自己焦急的原因。
小王子	周芬伶	描述弟弟墮落爲受刑人的由來和經過。	表現姊弟之間的情感。
我和書	吳魯芹	說自己手邊的錢，必先買大餅，次及典籍。	表明自己的人生態度，並把書的價值落於平實的地位。

風箏	魯迅	敍述自己破壞么弟辛苦製作風箏的過程。	表達自己的悔意。
蘿蔔糕	林文月	描寫製作蘿蔔糕的過程。	表達母親、外祖父及農業社會風俗的懷念。
姆媽，看這一片繁花	奚淞	敍述母親畫花而掛滿客廳，以做爲花園的往事。	藉以表達懷念母親的心情。

(二)藉「物」表明

篇目	作者	主要事材	作用
少司命	屈原	描寫少司命獨居天上的神態：「孔蓋兮翠旍，登九天兮撫彗星。竦長劍兮擁幼艾，蓀獨宜兮爲民正。」	表達巫師對少司命最高的崇敬與仰慕之情。
與吳質書	曹丕	評斷建安諸子如陳琳、劉楨、阮瑀、王粲等人的文才優劣。	藉以抒發痛失英才之思。

山中與裴秀才迪書	王維	「當待春中，草木蔓發，春山可望，輕鯈出水，白鷗矯翼，露溼青皋，麥隴朝雊。」	遙想來年春景，以表達殷切的邀請之意。
送董邵南序	韓愈	「爲我弔望諸君之墓，而觀於其市，復有昔時屠狗者乎？」	藉要求董生代爲憑弔古人與勸進豪傑出仕朝廷，以表達不希望董生投效藩鎮的用心。
與元微之書	白居易	三韻詩：「憶昔封書與君夜，……」	表達思念友人之情。
上樞密韓太尉書	蘇轍	「轍之來也，於山見終南、嵩、華之高，於水見黃河之大且深，於人見歐陽公，而猶以爲未見太尉也。」	凸顯韓太尉之特殊，並表明謁見之意。
晚遊六橋待月記	袁宏道	描寫西湖「朝日始出，夕舂未下」的景致。	藉以表達異於俗事的超凡心境。

項脊軒志	歸有光	1.引古人：蜀清、孔明。 2.枇杷樹。	1.說枇杷樹表達思念妻子之情。 2.引古人表明自己的雄心。
聽聽那冷雨	余光中	渭城、江南、劍門、黃岡。	引發思古之幽情與思念祖國之心。
立場	向陽	人類雙腳所踏，都是故鄉。	用雙腳所踏的這塊「土地」，來表明自己的「立場」。
土	吳晟	瀟灑、詩意、閒愁逸致、歷史、刀、劍。	反襯出自己珍惜土地的生活態度與不悲不怨的眞士性格。
竹枝詞	簡媜	李白、蘇軾	藉古人之愛竹，表達自己愛竹的心境。
成都行	余光中	四川的紅油、花椒、大麴酒。	傳達了作者入蜀的渴望。
回家了	冰心	在異國所見的兩次雲影天光。	表達作者的思鄉情切。

五、增強文章的感染力

(一)以「敍述事情」爲主

篇目	作者	主要事材	作用
祭十二郎文	韓愈	藉一封書信提及自己年老力衰之事。	引出「少者歿而長者存，强者夭而病者全」的悲歎。
始得西山宴遊記	柳宗元	「引觴滿酌，頹然就醉，不知日之入。蒼然暮色，自遠而至，至無所見，而猶不欲歸。心凝形釋，與萬化冥合。」	敍述情景交融之況，以增强文章的感染力。
醉翁亭記	歐陽脩	描寫宴飲之樂。	表達「與民同樂」的胸懷，同時也增强全文的感染力。

三峽	余秋雨	劉備「白帝託孤」史事。	把三峽有關的傳奇與詩文，融會在三峽的景色當中，使三峽的山水更生動。
萬鴉飛過廢田	洪素麗	敍述梵谷在完成〈萬鴉飛過麥田〉的一幅畫後舉槍自戕的經過。	給人一種不詳的震撼之美。
小書	雷驤	敍述自己在搬離家園之前，書店老闆來討回欠書的經過。	爲全文的高潮，使讀者隨之起伏。
賣麻花	蕭紅	描寫一個三十多歲的女人帶著五個小孩買麻花的經過。	爲全文的高潮所在，增加了文章的趣味性。
我要再回來唱歌	鄭清文	敍述阿嬤與自己去世的丈夫在年輕時躲在棉被唱歌的往事。	表達了全文的主要情感，也傳達阿嬤內心澎湃的熱情。
種地瓜	楊逵	描寫清揮擺盪於理想與現實掙扎的心路歷程。	形成本文一種無比的張力。

賞月	鍾理和	描寫夫妻在月圓之夜種蕃薯的情景。	表現夫妻之情，也表現人和大自然融合爲一的情感，形成一種天人合一的情境。
等你，在雨中	余光中	「從姜白石的詞裡，有韻地，你走來」	引古代詞人，營造具有東方色彩的情境。
夜登桐君山	郁達夫	敍述自己向洗夜飯米的少婦詢問渡江的秘訣，卻意外地聽她向江中高喊幾聲，船便划到岸邊的經過。	展現文中無限的幽趣。

(二)以「描寫景物」爲主

篇目	作者	主要事材	作用
與陳伯之書	丘遲	敍述江南風光，並舉前人思鄉情切之例。	動之以情。

觀潮	周密	對比： 1.遠處的「銀線」與近處的「玉城雪嶺」。 2.「艨艟數百」與「敵船爲火所焚，隨波而逝」 3.水中健兒「披髮文身」與岸上婦女「珠翠羅綺」。 4.高處的皇室與低處的都民。	增加文章的豐富性與可讀性。
明湖居聽書	劉鶚	1.「一線鋼絲，拋入天際。」 2.「五臟六腑像熨斗燙過」 3.「三萬六千個毛孔，像吃了人參果」。 4.傲來峯→扇子崖→南天門。	用具體事物表達抽象的聲音，增加文章的感染力。
芙蕖	李漁	描寫芙蕖的觀賞價值與實用價值。	敍寫荷花帶給自己生活與藝術的情趣，添增文章的感染力。

三峽	余秋雨	李白的〈下江陵〉	把三峽有關的傳奇與詩文，融會在三峽的景色當中，使三峽的山水更生動。
夏之絕句	簡媜	描繪蟬聲。	把夏天具體化，增强文字的感染力。
打電話	愛亞	電話傳來「下面音響十點十一分十秒」的聲音。	給人一種意想不到的震撼。
翡冷翠在下雨	林文月	與翡冷翠相關的歷史人物：詩人但丁、米蓋蘭基羅、伽利略、羅西尼、梅迭契家族等。	激發思古之幽情，使全文沈浸在翡冷翠的文明氣息中。
鳥聲	周作人	引那許的詩中的四種鳥聲。	建構一個自我「好鳥明春」的世界。

六、交代故事的情節

㈠以「事件」貫串

篇目	作者	主要事材	作用
虬髯客傳	杜光庭	虬髯客的一席話。	藉虬髯客的一席話，表明作者「眞人之興，非英雄所冀」的思想，也交待後續情節的發展。
花和尚大鬧桃花村	施耐庵	太公說明桃花村招惹盜匪搶親的一席話。	藉太公的一席話，道出憂愁之因，及文後故事發展的原由。
大鐵椎傳	魏禧	敍述客辭別宋將軍之情節。「一日，辭宋將軍曰……」	帶出本文的高潮——客與盜賊的決鬥場面。
劉姥姥進大觀園	曹雪芹	鳳姐與丫頭商議如何捉弄劉姥姥的經過。	作爲本文高潮的伏筆，也爲本文的高潮處略作預告。

一夕「情」話	黃永武	敍述某高中一位高二學生因爲「情」而跳樓自殺的新聞。	藉此引出「情」話主題。
魚	黃春明	描寫主角阿蒼好不容易買魚回來，卻不愼從腳踏車上掉下來，被卡車壓碎的經過。	使全文的氣氛由歡樂變爲陰鬱，亦埋下後來祖孫衝突的伏筆。
菜園	沈從文	敍述時代在變，許多壯年都在這個過程中，死到野外，也成長了一些英雄和志士先烈，也培養了許多新官舊官。	以時代的巨變，預留主人翁將遭慘死的伏筆。

(二)以「物件」貫串

篇目	作者	主要事材	作用
鄭伯克段于鄢	左丘明 左傳	姜氏。	爲全文重要的貫串人物。

草船借箭	羅貫中	魯肅。	藉此人物作爲周瑜和孔明之間鬥智的橋梁，並串情節。
林沖夜奔	施耐庵	李小二。	藉此人物貫串，引出陸謙等人及林沖之前的遭遇。
紅頭繩兒	王鼎鈞	古鐘。	作爲貫串故事的線索。
給母親梳頭	林文月	母親一頭烏黑豐饒的長髮。	作爲往事與今事的一條線索。
火車與稻田	阿盛	火車。	藉火車的來回穿梭，貫串時空。
算盤	琦君	算盤。	藉由算盤來串起童年的種種回憶。

第六章　結論

自民國八十八年八月開始，教育部開放對教材的管制，而高中教材改由民間編著，從此高中的課程朝多元的發展方向，本由國立編譯館主編的「高中國文」也正式走入歷史。教材的多元化，讓國文教師有了更多的選擇，然而版本的多樣與選文的差異，卻也讓許多教師陷入了無所適從的迷思，有些教師更在摸索、探尋的過程中，索性讓學生廣讀各種版本的重要課文，以因應未來的考試，卻也在無形之中增加了學生的負擔。基於這種現象，我們不得不正視高中國文的教學目標，才足以解決這種捨本逐末的教學方式。

隨著教材的開放，大學入學考試的方式也有了重大的變革，而「國文」考科的測驗重點不在學生熟讀了多少文章，而在評量學生有多少基本的語文能力。這種教學目標不是因應教材的開放而提出的，早在民國八十四年新頒「高中國文課程標準」中，已有明確的規範，而現今各版本也是在這個標準之下從事教材的編選。「課程標準」明確地指出五項教學目標，其內容是：

壹、提高閱讀、欣賞及寫作語體文的能力。
貳、培養閱讀文言文及淺近古籍之興趣，增進吸收優美傳統文化之能力。
參、由中國文化基本教材之研讀，培養倫理道德之觀念、愛國淑世之精神。
肆、閱讀優美、純正、勵志之課外讀物，增進文藝欣賞與創作之能力，開展堅毅恢弘之胸襟。
伍、熟習常用應用文之格式與作法；加強書法鑑賞及書寫之能力；熟練語言表達之能力。

而在其具體的「實施方法」中，也對範文讀講提出了九項教學重點，其內容為：

1. 文章體裁及作法。
2. 生字之形、音、義，詞彙之組合，及成語典故之出處意義。
3. 文法及修辭。
4. 全篇主旨、內容精義及段落大意（包括全篇脈絡及結構）。
5. 文學作品之流派、風格及其價值。
6. 有關語體文及文言文之文法異同，必要時可於課前製作比較表，指導學生徹底瞭解應用。

7.每課講授，宜作課文分析，必要時可繪成課文分析表，指示學生全文之段落作用及前後之相互照應，以培養學生欣賞、寫作之能力。

8.前項之文法比較表及課文分析表，簡易者亦可指導學生繪製（分析表之繪圖，可參考部頒高中國文科設備標準）。圖表製作優良者，並可列為教具設備之一部分。

9.教學時並應利用視聽器材，提供學生欣賞，藉以增進其對課文之瞭解。

在這九項教學重點當中，除了6～9項涉及教材與教法之外，其餘五項都是國文教學的主要內容，也是培養高中學生基本語文能力的重要依據。而第四點著重於義旨的探求與辭章脈絡結構的分析，可說是範文教學中重要的一環。本書所著眼的重點，從創作的背景、主旨的安置與顯隱及材料的運用等方面來探討義旨，是義旨教學中所不可或缺的要項，也正是訓練學生閱讀與鑑賞能力的最佳利器。

就創作的背景而言，我們藉由時代背景與個人際遇兩方面來輔證文章的義旨，使作品與作家之間的密切關係被凸顯出來；同時也在創作背景的探討中，提出了作家與作品的流派、辭章體裁的流變、文學與政治社會的密切關連、及基本的經史子集常識等，這都足以給予高中學生一個完整的國學概念，並建立了一個正確的辭章鑑賞態度。

就義旨的安置而言，想要探求一篇文章的主旨是置於篇首、篇腹、篇尾或篇外，就必須掌握文章的各段大意，並瞭解各段之間的關係。因此探討義旨的安置，可以深入瞭解辭章的意涵，也足以見出主旨與各段落大意之間的呼應。這些都是範文教學中必須注重，才足以訓練學生從辭章中體會作者的旨意，並學會掌握全文的中心思想，而不至於斷章取義，或擇取零碎的記憶。除此之外，主旨置於篇首，是辭章具有直截清楚的特色；置於篇腹，使主旨可以照應前後文的論述；置於篇尾，則具有總括全文的作用；而置於篇外者，其「含蓄」的風格是必定存在的。這些安置形式的不同，使學生瞭解其特色，並可作爲創作時的參考之用。

就義旨的顯隱而言，研究辭章的主旨是全顯、顯中有隱或全隱，除了可以釐清作品的中心思想之外，更能結合義旨的安置以凸顯作家的深層思維，從而瞭解在主旨的不同安置之下所呈現的各種效果，如主旨爲「全顯」的作品，可以在文中尋得一個明顯的中心思想，其傳達義旨的效果又因安排位置的不同而有差異；主旨爲「顯中有隱」的作品，則因論述層次的不同，有表層的中心思想，也有更深一層的創作動機，形成了作品在內容上的多樣性與可讀性；主旨爲「全隱」的作品，主旨必在篇外，作家運用「意在言外」的行文技巧，使作品呈現一種「含蓄」的風格，其辭章的義蘊更值得仔細玩味。

就材料的運用而言，藉由事材與物材的探討，以發掘材料所蘊含的情意，從而凸顯辭章的中心思想，這是我們分析辭章材料的主要目的。另一方面，經由材料的分析，可以讓學生清楚地知道材料運用對於辭章的重要性：以材料的種類言，認識各種材料的種類，可以辯析不同種類的事材與物材所產生的不同情意，讓教師在解析材料的過程中，更能準確地掌握材料的特色；以材料的作用言，分析歸納材料所產生的作用，可以梳理辭章的材料與情意之間的關係，認清材料從「凸顯人物特色」、「印證事物道理」、「作爲事物象徵」、「表明作者心志」、「增加辭章感染力」及「交代故事情節」等作用來襯出主旨的重要價值。

當然，在辭章的材料與情意之間，仍須透過文學技巧的運用，才足以藉由妥善的材料安排以表達作者的思想情意，這種運材的技巧通常不出「修辭」與「章法」的領域，本書雖然不設專章探討，卻可以看出義旨的教學與修辭教學、章法教學之間的密切關係，也就是說，我們必須讓學生完全瞭解辭章的義旨之後，才可以進一步分析辭章的修辭與結構，方能眞正落實提昇學生語文能力的目標。

綜上所言，「高中國文課程標準」已經明確規範了教材的編修原則與教學的主要內容，儘管目前教材的版本甚多，選編的範文甚繁，都不至於脫離課程標準這「一綱」的規範；依循這一標準，我們可以清楚地知道國文教學的主要內容，而「義旨教學」不僅是其中重要的一環，也是其他教學範疇的基礎，更是達成國文教學目標的重要基石。

面對今日教育環境的巨變與教育方向的改革，高中國文教師在認清自己的角色與責任時，更應該提昇自己對於中國文學的分析能力，並建立一套適於當今教育環境的教學方法，如此才足以讓學生認知國文教學的眞諦，進而提昇本身的語文能力。本書所探討的義旨教學，提出了教學的方向與重點，正是國文教師在建立教學方法時的重要依據。

重要參考書目

壹、專書

一、高中國文教材

何寄澎等《高中國文》㈠～㈥冊　臺北：龍騰　民國八八年八月～民國九一年二月

李　鍌等《高中國文》㈠～㈥冊　臺北：正中　民國八八年八月～民國九一年二月

李振興等《高中國文》㈠～㈥冊　臺北：三民　民國八八年八月～民國九一年二月

邱燮友等《高中國文》㈠～㈥冊　臺北：南一　民國八八年八月～民國九一年二月

董金裕等《高中國文》㈠～㈥冊　臺北：大同　民國八八年八月～民國九一年二月

羅聯添等《高中國文》㈠～㈥冊　臺北：翰林　民國八八年八月～民國九一年二月

二、教學理論專書

王更生《國文教學新論》　臺北：明文　民國八二年六版

王更生《國文教學面面觀》台灣師大中輔會　民國八五年初版
林瑞景《創意作文與新詩教寫》臺北：萬卷樓　民國八七年初版
章微穎《中學國文教學法》臺北：蘭臺　民國六四年再版
梁桂珍等《高中國文動動腦》一至六冊　臺北：羣玉堂　民國八〇年初版
陳滿銘《作文教學指導》臺北：萬卷樓　民國八三年初版
陳滿銘《國文教學論叢》臺北：萬卷樓　民國八〇年初版
陳滿銘《國文教學論叢．續編》臺北：萬卷樓　民國八七年初版
李金城《中學國文教學的藝術》高雄：復文　民國七三年二版
黃春貴《中學國文教學實務精講》臺北：萬卷樓　民國八八年初版
黃錦鋐等《如何教國文》（第二集）台灣師大中輔會　民國七一年初版
黃錦鋐等《如何教國文》（第三集）台灣師大中輔會　民國八一年初版
廖吉郎等《如何進行國文教學》台灣師大中輔會　民國八五年初版
蔣伯潛《中學國文教學法》臺北：中華　民國三〇年
魏子雲《教國文》臺北：萬卷樓　民國八五年初版

三、詩文理論專書

仇小屏《篇章結構類型論》臺北：萬卷樓 民國八九年初版
王更生注譯《文心雕龍讀本》臺北：文史哲 民國八〇年初版
王更生《韓愈散文研讀》臺北：文史哲 民國八二年初版
王更生《柳宗元散文研讀》臺北：文史哲 民國八三年初版
王更生《歐陽修散文研讀》臺北：文史哲 民國八五年初版
王更生《蘇軾散文研讀》臺北：文史哲 民國九〇年初版
方孝岳《中國散文概論》臺北：莊嚴 民國七〇年初版
王彬主編《古代散文鑑賞辭典》北京：農村文物一九八七年一版
吳小林《中國散文美學》臺北：里仁 民國八四年初版
吳應天《文章結構學》北京：中國人民大學一九八九年第一版
清・李扶九《古文筆法百篇》臺北：文津 民國六七年初版
清・林雲銘《古文析義》臺北：廣文 民國七〇年六版
徐公持等《古代抒情散文鑑賞集》臺北：國文天地 民國七八年再版
姜伯純《中國文學名著欣賞》臺北：莊嚴 民國七一年三版

清・姚鼐《評註古文辭類纂》臺北：華正　民國七七年初版
明・高琦《文章一貫》台大館藏日本寬永翻印本
漢・許慎《說文解字》臺北：黎明文化
陳必祥《古代散文文體概論》臺北：文史哲　民國八四年再版
陳振鵬　等《古文鑑賞辭典》上下册　上海：辭書　一九九七年第一版
陳滿銘《文章結構分析》臺北：萬卷樓　民國八八年初版
陳滿銘《章法學新裁》臺北：萬卷樓　民國九〇年初版
宋・陳騤《文則》台灣商務
張春榮《修辭散步》臺北：東大　民國八二年九版
黃永武《字句鍛鍊法》台灣商務　一九九六年二版
黃慶萱《修辭學》臺北：三民　民國八八年九版
曾棗莊《蘇文彙評》上中下　成都：四川文藝　二〇〇〇年一版
楊昌年《現代詩的創作與欣賞》臺北：文史哲　民國八四年再版
楊昌年《現代小說》臺北：三民　民國八六年初版
蔣伯潛《文體論纂要》臺北：正中　民國四八年台一版
蔣祖怡《文章學纂要》臺北：正中　民國四六年台二版

鄭明娳《現代散文》臺北：三民　民國八八年初版
鄭　奠　等《古漢語修辭學資料彙編》臺北：明文　民國七三年初版
謝无量《實用文章義法》臺北：華正　民國七九年版

四、詩文集

《散文新賞》（全十五冊）臺北：錦繡　民國八一年初版
高步瀛《魏晉文學要》北京：中華　一九八九年初版
高步瀛《唐宋文學要》北京：中華　一九九一年初版
明・張溥《漢魏六朝百三家集》臺北：木鐸
梁・蕭統《文選》臺北：藝文
謝冰瑩　等《新譯古文觀止》臺北：三民　民國七七年再版
清・嚴可均《全上古三代秦漢三國六朝文》北京：中華

五、史傳

漢・司馬遷《史記》臺北：鼎文
司馬長風《中國新文學史》臺北：傳記文學　民國八二年新版

呂思勉《隋唐五代史》 臺北：九思 民國六六年初版

沈松勤《北宋文人與黨爭——中國士大夫羣體研究之一》 北京：人民文學 一九九八年第一版

唐・李延壽《南史》 臺北：鼎文

唐・李延壽《北史》 臺北：鼎文

唐・房玄齡《晉書》 臺北：鼎文

林瑞翰《魏晉南北朝史》 臺北：五南 民國七九年初版

林劍鳴《秦漢史》 臺北：五南 民國八一年初版

晉・范曄《後漢書》 北京：中華

姜亮夫《歷代人物年里碑傳綜表》 臺北：華世 民國六五年初版

漢・班固《漢書》 臺北：鼎文

元・脫脫《宋史》 臺北：鼎文

晉・陳壽《三國志》 臺北：世界

郭廷以《近代中國史綱》 臺北：曉園 一九九四年初版

宋・歐陽脩《新唐書》 臺北：鼎文

清・張廷玉《明史》 臺北：鼎文

葛景春《李白與傳統文化》臺北：羣玉堂 民國八〇年初版
趙爾巽《清史稿》台灣商務 民國八八年初版
薩孟武《水滸傳與中國社會》臺北：三民 民國五六年初版

六、史論專書

朱光潛《西方美學史》臺北：漢京 民國七一年初版
李澤厚等《中國美學史》臺北：谷風 民國七六年台一版
林啓彥《中國學術思想史》臺北：書林 民國八三年一版
胡　適《中國新文學大系——建設理論集》臺北：業强 一九九〇年台一版
韋政通《中國思想史》臺北：水牛 民國八〇年一版
郭預衡《中國散文史》上海古籍 二〇〇〇年第一版
孫　望等《宋代文學史》北京：人民文學 一九九六年第一版
葉慶炳《中國文學史》台灣：學生 民國七六年出版
趙樹功《中國尺牘文學史》河北人民 一九九九年第一版
劉大杰《中國文學發展史》臺北：華正 民國八〇年版

貳、論文

一、學位論文

方元珍〈王荊公散文研究〉文化大學博士論文　民國八〇年
王基倫〈孟子散文研究〉台灣師範大學碩士論文　民國七四年
王鴻卿〈楊牧散文的藝術風格〉東吳大學碩士論文　民國八九年
石曉風〈豐子愷散文研究〉台灣師範大學碩士論文　民國八四年
江錦珏〈古典詩詞義旨教學之研究〉台灣師範大學碩士論文　民國九〇年
李　李〈三蘇散文研究〉文化大學博士論文　民國八一年
李珠海〈唐代古文家的文體革新研究〉台灣大學博士論文　民國九〇年
李麗華〈劉基及其文學研究〉彰化師範大學碩士論文　民國九〇年
金容杓〈柳宗元散文研究〉台灣大學碩士論文　民國七八年
金容杓〈曾鞏散文研究〉台灣大學博士論文　民國八三年
夏薇薇〈文章賓主法析論〉台灣師範大學碩士論文　民國八八年

高顯瑩〈蘇軾記遊散文研究〉東吳大學碩士論文　民國七六年
陳玉芬〈余光中散文研究〉台灣大學碩士論文　民國八二年
陳佳君〈虛實章法析論〉台灣師範大學碩士論文　民國九〇年
陳秉貞〈余秋雨散文研究〉台灣師範大學碩士論文　民國九〇年
陳巍仁〈台灣現代散文詩研究〉台灣師範大學碩士論文　民國八八年
張家豪〈楊牧散文研究〉政治大學碩士論文　民國八七年
張瑞興〈北宋山水小品文研究〉玄奘大學碩士論文　民國九〇年
黃淑芬〈沈從文作品中的湘西〉清華大學碩士論文　民國九〇年
蔡嘉惠〈徐志摩抒情散文研究〉濟南國際大學碩士論文　民國九〇年
魏王妙櫻〈曾鞏文學與北宋詩文革新運動〉東吳大學博士論文　民國八九年
謝敏玲〈蘇軾史論散文研究〉高雄師範大學碩士論文　民國八九年

二、期刊論文

丁　琬〈我達達的馬蹄〉明道文藝　民國七三・一一　頁一〇五～一一〇
丁旭輝〈從蘇紹連的「七尺布」談起〉國文天地　民國九〇・〇七　頁五七～六〇
方元珍〈從蘇轍「黃州快哉亭記」看蘇軾〈水調歌頭〉〈落日繡簾捲〉〉空大人文學報　民國

八八・〇六　頁二九～四二

王更生〈台灣「國文教學法」研究概述〉　人文及社會學科教學通訊　民國八五・一〇　頁六～二三

王隆升〈《離魂記》的虛幻色彩與眞實情愛——兼及〈龐阿〉與〈離魂記〉之比較〉　臺北技術學院學報　民國八六・〇九　頁二七九～三一五

王　堯〈關於余秋雨散文創作的再思考〉　國文天地　民國九〇・〇三　頁四～九

王鴻卿〈楊牧「文人」散文風貌一隅〉　幼獅文藝　民國八八・〇六　頁五〇～五五

石曉楓〈豐子愷散文中的主體世界——社會關懷與批判〉　中國現代文學理論　民國八六・一二　頁五九五～六〇九

石曉楓〈楊牧「野櫻」的主題意涵——兼論其散文創作的理論與實踐〉　國文天地　民國八八・〇六　頁八五～九二

石曉楓〈楊牧自傳體散文中的虛實鑑照〉　中國現代文學理論　民國八八・〇九　頁四三九～四六二

朱榮智〈人文教育與國文教學〉　國文天地　民國八三・〇五　頁八〇～八四

余昭閔〈歸有光抒情散文析論〉　中國文化月刊　民國八八・〇六　頁五八～七七

余昭閔〈蘇軾黃州時期的人生轉變與散文創作〉　語文教育通訊　民國八九・〇六　頁三～

九
宋　裕〈台灣現代詩教學書目指引〉　國文天地　民國八八・一〇　頁一〇一～一〇九
呂武志〈「文眼」與國文教學〉　中等教育　民國八三・一二　頁七八～九三
吳宏一〈析論黃春明的「魚」〉（上）（下）　中國時報　民國六五・七・二二～民六五・七・二三
吳季霏〈唐人傳奇之創作方法及特色〉　古今藝文　民國九〇・〇二　頁三九～四六
吳鼎武・瓦歷斯〈現代詩與基本設計教學的應用研究〉　商業設計學報　民國八九・〇七　頁一五七～一六四
吳禮權〈中國古典言情小說模式與中國傳統文化心理〉　國文天地　民國八九・〇六　頁四四～四八
沈　謙〈駱駝背上的樹——王鼎鈞散文的人格與風格〉　中國現代文學理論　民國八六・〇六　頁二一七～二三四
阮淑芳〈「散戲」一文的章法與文學手法〉　國文天地　民國八八・〇四　頁八四～八九
李翠瑛〈余光中〈白玉苦瓜〉的修辭技巧〉　明道文藝　民國九〇・〇八　頁六三～六九
李魁賢〈觀察白萩的雁的世界〉　笠　民國七〇・〇八　頁一九～二〇
周杏芬〈從「髻」看琦君洞達世情的人生體悟〉　國文天地　民國九〇・〇九　頁五九～六

〇
林政華〈一桿「稱仔」〉裡的强烈暗示〉　民國衆日報　民國八五・七・一〇
林彥彬《文化苦旅》的飄泊意識——賞讀《文化苦旅》　翠崗學報　民國八八・〇六　頁一七～二四
林　綠〈鄭愁予〈錯誤〉的傳統訊契〉　國文天地　民國八六・〇六　頁六六～六八
林鍾隆〈白萩的「雁」〉　現代詩的解說與評論　民國六一・〇一　頁二八～三四
姚一葦〈論瘂弦的「坤伶」〉　中外文學　民國六三・〇六　頁一八六～一九八
高秋鳳〈抒情文教學研究〉　教學與研究　民國八四・〇六　頁六一～八五
許琇禎〈魯迅小說人物綜論〉　國立編譯館館刊　民國八五・一二　頁二二五～二四六
陳品卿〈從現行高中國文教學目標看國文教學的任務〉　人文及社會學科教學通訊　民國八一・一〇　頁六八～七六
陳啓佑〈散文寫作的技巧〉　國文天地　民國八一・〇三　頁九一～九四
陳秉貞〈余秋雨的散文創作觀——對散文主題和內涵的思索〉　國文天地　民國九〇・〇三　頁一七～二三
陳昭英〈一根金花・論賴和的〈一桿「稱仔」〉〉　中國現代文學理論　民國八七年　頁二三～三六

陳淑滿〈豐子愷的「楊柳」哲學——試析其「楊柳」一文〉 中國語文 民國八七・○八
頁七二～七五
陳智弘〈教學偶記〉 松高學報 民國八七・○六 頁三九～四四
陳貴麟〈現代詩賞析的五個步驟〉 臺北師院語文集刊 民國八九・○九 頁六三～七五
陳惠齡〈現代散文教學情境設計〉（上） 國文天地 民國八九・○九 頁七九～八七
陳惠齡〈現代散文教學情境設計〉（下） 國文天地 民國八九・一○ 頁九二～九九
張春榮〈現代散文的廣角鏡〉 明道文藝 民國八九・一二 頁四三～四八
張春榮〈現代散文的觀察〉（一九○○—二○○○） 臺北師院語文集刊 民國九○・○六
頁八一～九五
傅正玲〈從〈師說〉看韓愈的散文風格〉 中國語文 民國八四・一一 頁七四～七七
馮永敏〈論散文鑒賞的方法——從文理、文采、文境、文氣四方面看〉 北市師院語文學刊
民國八四・○五 頁一八三～二六六
曾錦坤〈散文鑑賞的聲律問題〉 孔孟月刊 民國八○・○三 頁四二～四九
溫光華〈傳記散文的別格——談蘇軾〈方山子傳〉的傳記寫作藝術〉 國文天地 民國九○・
○三 頁八九～九一
溫光華〈唐宋八大家之散文及其風格——以現行高中國文課文爲例〉 國文天地 民國九

○・○九　頁四～一○
楊照〈批判旋風——龍應台《野火集》〉　中國時報　民國八七・二・三
楊照〈率直與憨膽——閱讀龍應台〉　中國時報　民國八八・九・二七
楊文雄等〈新詩教學經驗談〉　台灣詩學季刊　民國八三・○九　頁七～二四
楊錦富〈試探楊牧散文——〈野櫻〉〉　中國語文　民國九○・○五　頁九○～九三
楊鴻銘〈袁宏道晚遊六橋待月記等文描景論〉　孔孟月刊　民國八五・○七　頁四九～五○
楊鴻銘〈王安石遊褒禪山記等文層遞論〉　孔孟月刊　民國八五・○九　頁五二～五三
蒲基維〈談兩宋臺閣名勝記——以高中國文課文為例〉（上）　國文天地　民國八九・一○　頁一○○～一○七
蒲基維〈談兩宋臺閣名勝記——以高中國文課文為例〉（下）　國文天地　民國八九・一一　頁八二～九○
劉少雄〈東坡黃州文散論〉　中國文哲研究通訊　民國八四・○九　頁一四三～一五八
劉正忠〈韓愈贈序散文的藝術〉　大陸雜誌　民國八四・○六　頁一○～一六
劉明宗〈王禹偁的詩歌成就及其影響〉　屏東師院學報　民國八四・○六　頁三○一～三三八
劉登翰〈吳魯芹、顏元叔等人的幽默散文〉　台灣文學史（下）　民國八二年　頁六六八～

六七五

鄭明娳〈從余光中「聽聽那冷雨」談散文的感覺性〉 文壇 民國六六・〇四 頁二二～二三

蕭蕭〈高中課文現代詩賞析教師學生必讀——林泠的〈不繫之舟〉〉 中央日報 民國八六・三・五 版二二

蕭蕭〈蘇紹連的生命主軸與藝術工程〉 自立晚報 民國八八・〇五・二七日～民八八・〇六・〇五

鍾怡雯〈擺盪於孤獨與幻滅之間——論簡媜散文對美的無盡追尋〉 明道文藝 民國八八・〇二 頁一七六～一八七

魏子雲〈桃花源記的小說藝術〉 明道文藝 民國八九・〇三 頁六四～六五

譚家健〈近十年中國古典散文史研究著作述要〉 中國書目季刊 民國八七・〇三 頁九〇～九九

譚家健〈獨抒性靈的曹丕散文〉 古今藝文 民國八九・〇五 頁一三～二二

顧柔利〈北宋散文賦類型論——以詠物、諷諭爲例〉 黃埔學報 民國八八・〇一 頁一～一四

國家圖書館出版品預行編目資料

散文・新詩義旨古今談／蒲基維、涂玉萍、林聆慈合著. --初版--臺北市：萬卷樓,民 91

ISBN 957－739－377－2 (平裝)

1. 國文－教學法 2. 中等教育－教學法

524.31 90022827

散文・新詩義旨古今談

著者：蒲基維、涂玉萍、林聆慈
發行人：許錟輝
責任編輯：李冀燕
出版者：萬卷樓圖書有限公司
臺北市羅斯福路二段 41 號 6 樓之 3
電話(02)23216565・23952992
FAX(02)23944113
劃撥帳號 15624015
出版登記證：新聞局局版臺業字第 5655 號
網站網址：http://www.wanjuan.com.tw
E－mail：wanjuan@tpts5.seed.net.tw
經銷代理：紅螞蟻圖書有限公司
臺北市內湖區舊宗路二段 121 巷 28 號 4F
電話(02)27999490
FAX(02)27995284
承印廠商：晟齊實業有限公司
定價：240 元
出版日期：民國 91 年 1 月初版

(如有缺頁或破損，請寄回本社更換，謝謝)

ISBN 957－739－377－2